ヨーロッパの いちばん美しい街

Beautiful Towns in Europe

丘に立ち赤レンガ色の市街を見る
石畳の坂道に立ちその先に輝く海を見る
運河を行く舟の上でカラフルな家並を見る
旧市街を歩き中世の城壁を見る
ヨーロッパの街々は多彩で個性的だ

珍しい光景の前に立ち尽くし
街の匂いを嗅ぎ　街の光と影を眺め　街の声を聴く
街から湧いて出る美しい歌を聴き　街の長い物語を読む

北川冬彦という詩人は、『祝祭』という詩のなかで、
「私は妙に祝祭の後が好きだ」
と言う。
「祝祭が終り　人々の去ったとき　その壮んな放蕩の跡を
うろつき廻っている自分を見出し　われながらいつも驚く」と。

ヨーロッパの街の多くは
ローマ帝国とか　ルネサンスとか　中世とか
幾つもの祝祭とその終焉を演じてきた
石でできた街はその壮んな放蕩をいまも名残として沈めている

名残の光景を前に　旅人は　心が沸きたっているのを知る
自分ひとりだけの　祝祭のなかにいる
旅とはいうまでもなく　個人的な移動祝祭日だ
『祝祭』という詩は、
「私は妙に　又　祝祭を準備するのが好きだ」
と結ぶ。

ヨーロッパの
いちばん美しい街

ヨーロッパのいちばん美しい街MAP …P.12
本書の情報と使い方……………………P.253
国内旅行会社……………………………P.254
INDEX……………………………………P.255

Contents

ロマンティック街道 P.14

街の守護神が広めたキリスト教とワイン造り
1 ヴュルツブルク P.16
ドイツ

旧市街を歩けばおとぎの国の息吹があふれる
2 ローテンブルク P.20
ドイツ

戦禍を免れて、中世がそのまま生きる街
3 ディンケルスビュール P.24
ドイツ

隕石がつくったクレーター、お盆の上にできた街
4 ネルトリンゲン P.28
ドイツ

華やかなルネサンスの建物が街の隆盛を伝える
5 アウクスブルク P.30
ドイツ

バイエルンの王たちが愛した城へと誘う街
6 フュッセン P.32
ドイツ

プロヴァンス＆コートダジュール P.34

華やかなリゾート地が見せる素顔の街並
7 ニース P.36
フランス

中世のたたずまいにモダン芸術が溶け込む
8 サン・ポール・ド・ヴァンス P.40
フランス

「地中海の宝石」を見下ろす崖上の歴史地区
9 モナコ モナコ・ヴィル P.42
モナコ

泉水と並木道が華やかなセザンヌゆかりの街
10 エクス・アン・プロヴァンス P.46
フランス

北のヴァチカンと呼ばれた古風な城壁都市
11 アヴィニョン P.50
フランス

壮大な自然に包まれて天空に浮かぶ石城都市
12 ゴルド P.54
フランス

コッツウォルズ P.56

やさしい風景に包まれた、イングランドを感じる街
13 ボートン・オン・ザ・ウォーター P.58
イギリス

最もコッツウォルズらしい風景が広がる村
14 バイブリー P.62
イギリス

映画のワンシーンが甦る村には中世の風
15 カッスル・クーム P.64
イギリス

連なる家並の石壁がとりわけ美しい
16 チッピング・カムデン P.66
イギリス

海が見える坂の街

美しい景観のなかに海洋都市国家の威信を見る
17 アマルフィ P.70
イタリア

エーゲ海ロマンスを紡ぎ出す青と白の世界
18 サントリーニ島 P.74
ギリシャ

クラブカルチャーと旧市街が隣り合う島
19 イビサ島 イビサ・タウン P.76
スペイン

旧市街の斜面に迷路のような道が広がる
20 リスボン アルファマ P.80
ポルトガル

城塞の街

二重の城壁が囲む巨大な城塞都市を訪ねる
21 カルカソンヌ P.84
フランス

城壁と聖女テレサによる修道院改革で知られる街
22 アビラ P.88
スペイン

スペイン有数の絶景旧市街に、3つの文化が混じり合う
23 トレド P.92
スペイン

アドリア海に赤屋根が映える街に繁栄と破壊が交錯
24 ドゥブロヴニク P.96
クロアチア

紺碧に映えるマルタ・カラーの整然たる街並
25 ヴァレッタ P.100
マルタ

繁栄も衰退も、街を包みこんできた城壁を歩く
26 ヨーク P.104
イギリス

城壁で旧市街を新市街と分断する
27 ルクセンブルク P.108
ルクセンブルク

運河のある街

移動は徒歩か舟だけ、という不思議な水の街
28 ヴェネツィア P.112
イタリア

運河に描き出されるアルザスの家並
29 ストラスブール P.116
フランス

小さな街にあふれる美しい文化と自然
30 ブルージュ P.120
ベルギー

旧市街の過去が薫る運河沿いを歩く
31 アムステルダム P.124
オランダ

茅葺き屋根の家が並ぶメルヘンチックな村
32 ヒートホールン P.128
オランダ

商人の港として栄えたおとぎの国の首都
33 コペンハーゲン P.130
デンマーク

バルト海の女王と称されたハンザ同盟発祥の地
34 リューベック P.132
ドイツ

白い街と島

青い海と空とのコントラストが美しい白壁の街並
35 ミコノス島 ミコノス・タウン P.134
ギリシャ

イスラム文化の薫りゆかしいアンダルシアの古都
36 コルドバ ユダヤ人街 P.138
スペイン

コスタ・デル・ソルのまばゆい白い街並で憩う
37 ミハス P.142
スペイン

イザベル王妃が心を奪われた美しい箱庭
38 オビドス P.146
ポルトガル

カラフルな街並

パステルカラーと花に彩られたおとぎの街
39 コルマール P.148
フランス

異時代の建築が紡ぎ出す千年の都の輝き
40 プラハ P.152
チェコ

古い城塞都市ガムラ・スタンは小さな島
41 ストックホルム ガムラ・スタン P.156
スウェーデン

ルネサンス様式都市の最高傑作、絵画のような家々
42 テルチ P.160
チェコ

色鮮やかな街並を取り戻し、長い歴史を紡ぐ古都
43 ポズナン P.162
ポーランド

ハンザ商人の隆盛を感じる歴史ある街並
44 ベルゲン P.164
ノルウェー

昔ながらの漁村にお菓子箱のような家並が続く
45 プローチダ島 P.166
イタリア

詩人バイロンを魅了した美しく小さな港町
46 ポルトヴェーネレ P.168
イタリア

断崖絶壁の街

切り立つ断崖上に輝くアンダルシアの白い村
47 ロンダ P.170
スペイン

魔法にかけられたよう、街が浮いているように見える
48 クエンカ P.174
スペイン

「死にゆく街」と呼ばれる天空に浮かぶ要塞都市
49 チヴィタ・ディ・バニョレージョ P.176
イタリア

独自の発展を遂げた、丘の上にそびえる中世の街
50 ピティリアーノ P.178
イタリア

細い路地を通り抜け、エメラルド色の海を見下ろす
51 トロペア P.180
イタリア

激しい勢力争いの名残を今に伝える城塞
52 ボニファシオ P.182
フランス

信仰の厳しさと強さを試す岩壁の聖域への大階段
53 ロカマドゥール P.184
フランス

川に囲まれた街

スイスの首都にはこのうえなく美しい旧市街が残る
54 ベルン P.186
スイス

世界遺産で蘇った街は世界一美しいと讃嘆される
55 チェスキー・クルムロフ P.190
チェコ

中世の街並に古代ローマの遺跡が溶け込む
56 ヴェローナ P.194
イタリア

"三つの流れの街"を彩るバロックの華麗
57 パッサウ P.198
ドイツ

不思議な街並

無数の洞窟住居が岩山を埋め尽くす光景は圧巻
58 マテーラ P.202
イタリア

石造りのとんがり屋根と白壁の家が続くおとぎ話の村
59 アルベロベッロ P.204
イタリア

神秘の山に抱かれたカタルーニャの聖域
60 モンセラット P.206
スペイン

天然の要塞として歴史に翻弄された洞窟住居の街
61 セテニル P.208
スペイン

断崖に沿うように家々が並ぶ、考古学の中心地
62 レゼジー P.210
フランス

湖畔の街

湖面に映る美しい中世の街並に、時を忘れる
63 ハルシュタット P.212
オーストリア

澄んだ湖水に、豪奢な別荘や古い聖堂が映える
64 オルタ・サン・ジュリオ P.214
イタリア

ドイツ最大の湖に浮かぶ、郷愁を誘う小さな島
65 リンダウ P.216
ドイツ

国境の湖のほとり、石造りの街並を花々が飾る
66 イヴォワール P.218
フランス

美しい湖が広がる山麓に、木肌の家が建ち並ぶ
67 ブリエンツ P.220
スイス

山あいの街

イタリアを見下ろす山上の小さな共和国
68 サンマリノ P.222
サンマリノ

教会都市から生まれた壮麗な音楽の聖都
69 ザルツブルク P.226
オーストリア

チロルの緑に調和したのどかなハプスブルクの街
70 ハル・イン・チロル P.230
オーストリア

貴族たちの富と力を象徴する中世の摩天楼
71 サン・ジミニャーノ P.232
イタリア

独特の地形が織りなす山々に囲まれた天然の要塞
72 アルバラシン P.234
スペイン

緑豊かな山々の間に、巡礼の村は静かにたたずむ
73 コンク P.236
フランス

清らかな水と深い緑に囲まれた小さな田舎街
74 デュルビュイ P.238
ベルギー

レンガ色の街並

レンガ造りの「シエナカラー」と芸術に染まる中世の都
75 シエナ P.240
イタリア

中世の街並に連なるレンガ色のアーケード
76 ボローニャ P.244
イタリア

バラ色のレンガに彩られた壮麗な古都
77 トゥールーズ P.248
フランス

素朴で愛らしい、イギリスの素顔に心がときめく
78 ライ P.250
イギリス

いますぐ見に行きたい厳選78スポット
ヨーロッパの
いちばん美しい街
MAP

ノルウェー Norway
- ㊹ ベルゲン →164

デンマーク Danmark
- ㉝ コペンハーゲン →130

スウェーデン Sweden
- ㊸ ストックホルム →156

イギリス The United Kingdom
- ⑬ ボートン・オン・ザ・ウォーター →58
- ⑭ バイブリー →62
- ⑮ カッスルクーム →64
- ⑯ チッピング・カムデン →66
- ㉖ ヨーク →104
- ㊿ ライ →250

ポルトガル Portugal
- ⑳ リスボン →80
- ㊳ オビドス →146

スペイン Spain
- ⑲ イビサ島 →76
- ㉒ アビラ →88
- ㉓ トレド →92
- ㊱ コルドバ →138
- ㊲ ミハス →142
- ㊼ ロンダ →170
- ㊽ クエンカ →174
- ㉠ モンセラット →206
- ㉡ セテニル →208
- ㊲ アルバラシン →234

12

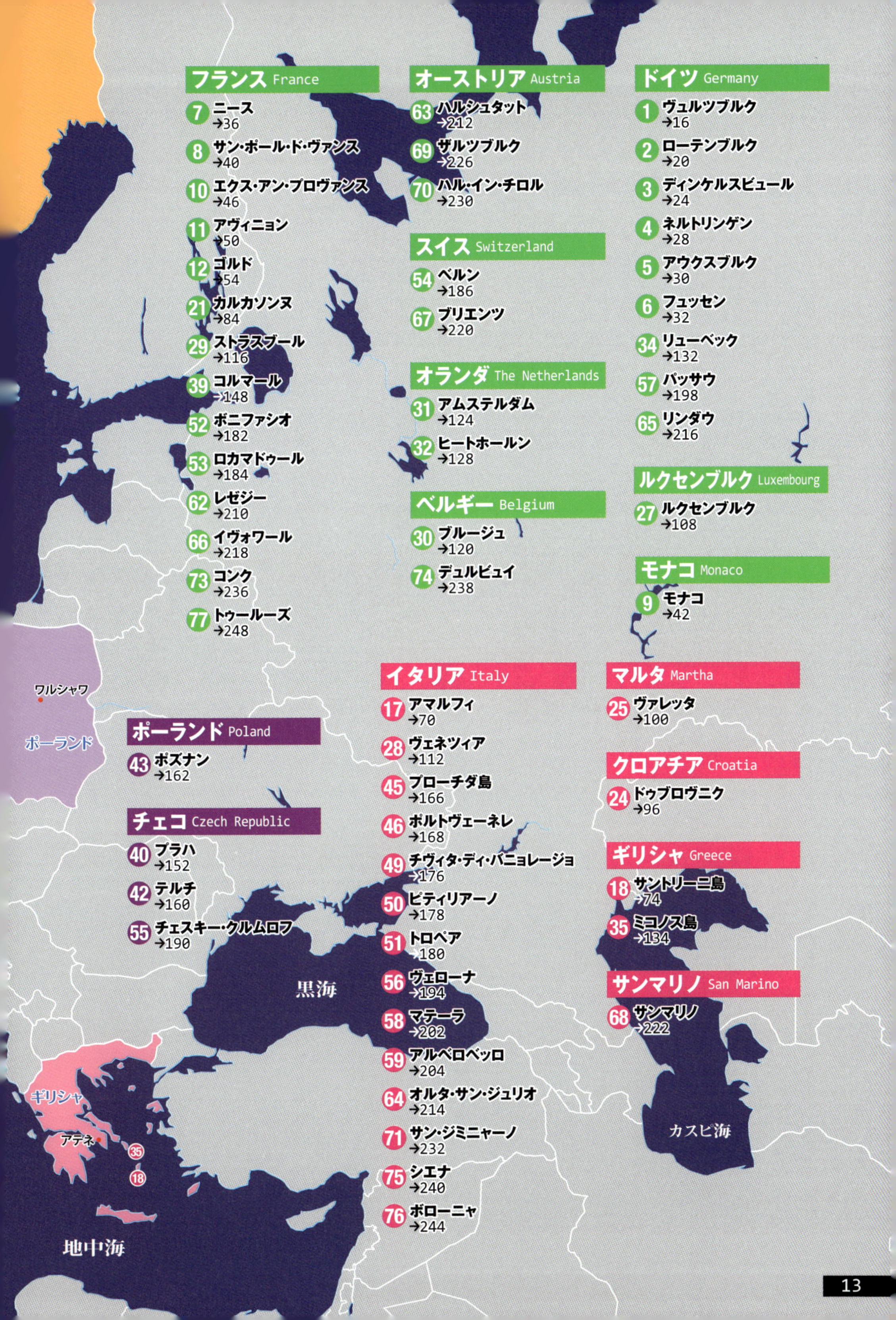

ワルシャワ
ポーランド
ギリシャ
アテネ
35
18
黒海
カスピ海
地中海

フランス France

7 ニース →36
8 サン・ポール・ド・ヴァンス →40
10 エクス・アン・プロヴァンス →46
11 アヴィニョン →50
12 ゴルド →54
21 カルカソンヌ →84
29 ストラスブール →116
39 コルマール →148
(52) ボニファシオ →182
(53) ロカマドゥール →184
(62) レゼジー →210
(66) イヴォワール →218
(73) コンク →236
(77) トゥールーズ →248

オーストリア Austria

(63) ハルシュタット →212
(69) ザルツブルク →226
(70) ハル・イン・チロル →230

スイス Switzerland

(54) ベルン →186
(67) ブリエンツ →220

オランダ The Netherlands

31 アムステルダム →124
32 ヒートホールン →128

ベルギー Belgium

30 ブルージュ →120
(74) デュルビュイ →238

ドイツ Germany

1 ヴュルツブルク →16
2 ローテンブルク →20
3 ディンケルスビュール →24
4 ネルトリンゲン →28
5 アウクスブルク →30
6 フュッセン →32
34 リューベック →132
(57) パッサウ →198
(65) リンダウ →216

ルクセンブルク Luxembourg

27 ルクセンブルク →108

モナコ Monaco

9 モナコ →42

ポーランド Poland

43 ポズナン →162

チェコ Czech Republic

40 プラハ →152
42 テルチ →160
(55) チェスキー・クルムロフ →190

イタリア Italy

17 アマルフィ →70
28 ヴェネツィア →112
45 プローチダ島 →166
46 ポルトヴェーネレ →168
49 チヴィタ・ディ・バニョレージョ →176
50 ピティリアーノ →178
(51) トロペア →180
(56) ヴェローナ →194
(58) マテーラ →202
(59) アルベロベッロ →204
(64) オルタ・サン・ジュリオ →214
(71) サン・ジミニャーノ →232
(75) シエナ →240
(76) ボローニャ →244

マルタ Martha

25 ヴァレッタ →100

クロアチア Croatia

24 ドゥブロヴニク →96

ギリシャ Greece

18 サントリーニ島 →74
35 ミコノス島 →134

サンマリノ San Marino

(68) サンマリノ →222

中世の面影を今に伝える美しい街をたどる
ロマンティック街道

ローテンブルクの一角、プレーンライン。城壁に囲まれた街に、絵本のような世界が広がる

Straße

古都ヴュルツブルクからノイシュヴァンシュタイン城への拠点となるフュッセンを結ぶ街道には、中世の面影を残す街が点在する。絵画のように美しい街を歩きたい。

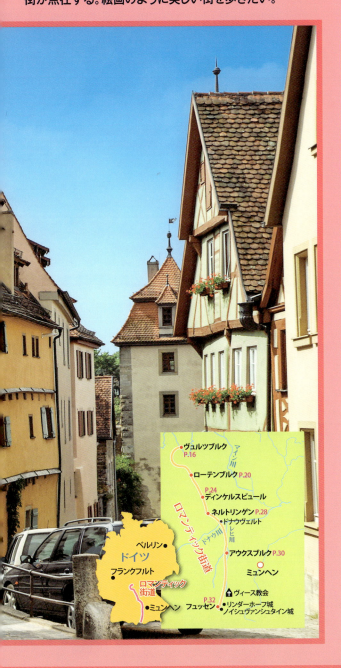

現地発のツアー情報

4～10月期間限定でヨーロッパバスがフランクフルト～フュッセン間を上り下りともに1日1便運行している。さまざまなツアーがあるので、まずは北のフランクフルト、南のミュンヘンか起点を決めると計画しやすい。1日で街道を制覇するツアーもあるが、場所によっては混雑したり、見どころの多い街もあるので3～4泊ほどの余裕をもったスケジュールが望ましい。ほとんどのバスが停まる街は鉄道も利用可能なので併せて利用したい。

日本発ツアーの一例

旅の予算	旅の日程
19万円～	**8日間**

1日目 日本からフランクフルトへ向かう。夜、フランクフルト到着。【フランクフルト泊】

2日目 終日、レーマー広場周辺の旧市街や博物館通りを観光する。【フランクフルト泊】

3日目 朝、鉄道でヴュルツブルクへ行き、レジデンツなどを観光したのち、再び鉄道でローテンブルクへ。夜は夜警ツアーに参加。【ローテンブルク泊】

4日目 午前、ローテンブルクの旧市街を巡る。午後は、ヨーロッパバスを利用して、ディンケルスビュール、ネルトリンゲンの街に途中下車し、観光を楽しみながらフュッセンへ。【フュッセン泊】

5日目 フュッセンからバスでノイシュヴァンシュタイン城や世界遺産ヴィース教会を巡り、ミュンヘンへ。【ミュンヘン泊】

6日目 終日、ミュンヘンの街を観光。【ミュンヘン泊】

7・8日目 ミュンヘンから日本へ。機中泊をして、8日目に日本に帰国。

街の守護神が広めたキリスト教とワイン造り

1 ヴュルツブルク ドイツ
Würzburg

ロマンティック街道

ヴュルツブルク／ドイツ

マリエンベルク要塞から望む旧市街。さまざまな建築様式が混在しているが統一感があるのが面白い

基本データ 人口 約12万4000人　面積 約87㎢

世界遺産に登録されたレジデンツに司教領主の栄華が垣間見える

　ヴュルツブルクが街の体裁を少しずつ整えてきたのは1168年、司教が領主としての権利を受けた頃で、その後、マイン河畔のマリエンベルク要塞は18世紀にレジデンツができるまで司教の城塞となった。のちにヴュルツブルク大公国、さらにバイエルン王国領などを経て街は発展。しかし1945年、第二次世界大戦のイギリス軍の爆撃で街の90％が破壊、今残る旧市街のほとんどが戦後、中世の姿に忠実に復旧したものだ。マイン川の東に広がる旧市街を把握するには、マリエンベルク要塞から俯瞰するといい。レジデンツの裏からマイン川へと続く緑地帯に囲まれた部分が旧市街だ。見どころはたくさんあるが、1日あれば十分に街歩きできる。

感動!! 街歩き体験談　Visitor's Voice
古城ホテルから見下ろすブドウ畑と旧市街
世界遺産のレジデンツや街のシンボル・マリエンベルク要塞を見たあとは、古城ホテルのシュタインブルクでくつろぐといいでしょう。ブドウ畑の丘の上に建つロマンティックな古城ホテルからの旧市街の眺めは最高です。夕食時は街を見下ろしながらフランケンワインで乾杯！
ドイツ観光局●大畑 悟さん

● イベントをチェック　Event Calendar ●
5～7月　ヴュルツブルク・モーツァルト音楽祭
毎年5月末～7月上旬にかけての4～6週間にわたって開催される音楽祭。世界中から約50のオーケストラが招かれ、演奏する。会場はレジデンツの屋内と庭園が使われる。

マイン川の東に旧市街が広がる。家々の高さが揃っていて美しい

旧市街の中心の礼拝堂
マリエンカペレ　Marienkapelle

1377年からおよそ1世紀余をかけて造られた。入口にはリーメンシュナイダー作のアダムとイブのレプリカがある。

テラス席でマイン川の眺望と料理が楽しめる

要塞の中の博物館
マインフランケン博物館　Mainfränkisches Museum
フランケン地方の作家、とくにリーメンシュナイダーの彫刻作品が豊富。ワインのデカンタなどこの地方ならでは。

アルテ・マインミューレ　Alte Mainmühle
アルテ・マイン橋　Alte Mainbrücke

★マインフランケン博物館
★マリエンベルク要塞

破壊と修復を繰り返した要塞
マリエンベルク要塞　Festung Marienberg
マイン河畔の丘に建つ城塞。紀元前1000年頃にはケルト人の砦だった。現在の要塞の基礎が築かれたのは1200年頃。1253年から1719年まで司教の居館でもあった。

ルートヴィヒ橋　Ludwigsbrücke

0　300m

街歩きのお楽しみ
買▶ フランケンワイン　Frankenwein
マイン川の斜面のブドウ畑から生まれたワイン。ボックスボイテルという丸いボトルが目印。この地方のワイン造りを奨励したのは聖キリアン。その後、修道院がワイン造りに貢献した。

バロック様式が優美な司教の宮殿
レジデンツ
Residenz

1780年に完成したヴュルツブルク司教の居城。傑作は「階段の間」の天井。大きな吹き抜けの一枚天井に描かれたフレスコ画は当時の建築技術では不可能とされた。庭園とともに世界遺産に登録。

賑わいをみせる旧市街の中心部。正面奥に見えるのは聖キリアン大聖堂

ロマンティック街道

ヴュルツブルク／ドイツ

11世紀建造の新大聖堂
ノイミュンスター
Neumünster

現在の赤色砂岩のファサードは1716年のもの。内部にはリーメンシュナイダーの制帽像がある。地下には守護神・聖キリアンの霊廟。

4つの尖塔が目印
聖キリアン大聖堂
Dom St. Kilian

最初の建造は11～12世紀。ドイツで4番目の大きさ。ここの主祭壇にもリーメンシュナイダーの聖母像がある。

COLUMN

教会で祈りを捧げたい傑作と讃えられた彫刻の数々

リーメンシュナイダーは1460年から71年間を生きた彫刻家だが、再び注目されたのは約300年後、1822年、ヴュルツブルクの大聖堂の工事中に墓碑が見つかってからのことだ。市長にまでなったリーメンシュナイダーがたどった道は厳しく苦しいものだった。戦争に巻き込まれた人間の悲しい末路だ。ドイツ農民戦争で農民側に加担した嫌疑で逮捕、右手を折られ、創作活動が絶たれた。

アルテ・マイン橋は1543年に架け直された。両脇には聖人等の像が並ぶ

お泊まり情報　ヴュルツブルク中央駅周辺にホテルが点在。高級ホテルからエコノミーホテルまで、種類も豊富だ。

旧市街を歩けばおとぎの国の息吹があふれる

2 ローテンブルク ドイツ
Rothenburg ob der Tauber

ロマンティック街道
ローテンブルク／ドイツ

赤銅色の切妻屋根に木骨組みの家が並び、教会や城門の塔が頭を突き出す。おとぎの国のような街

| 基本データ | 人口 約1万1000人 | 面積 約41.5km² |

木骨組みの家、石畳の道、城壁や城門 目にするものすべてに中世が薫る

　ロマンティック街道と古城街道が交差する街で、ドイツ観光には欠かせない。旧市街は城壁に囲まれており、破壊や戦災を免れた城壁や街並の姿に中世が色濃く感じられる。城壁は一周3.4kmほど、城壁の様子や街の景観を眺めながら歩いても2時間あれば十分だ。ローテンブルクに現在の街の基礎が築かれたのは、13世紀、神聖ローマ帝国の帝国自由都市になった頃から三十年戦争が勃発するまでの3世紀余の間。その後、第二次世界大戦まで約300年にわたり街は発展しなかったため中世の姿がそのまま残った。街の中心はマルクト広場。旅行者やこの街の人々にとっても滞在や生活の中心となっている。広場に面して市庁舎はじめ、切妻屋根や中世の木骨組みの家が並ぶ。

感動!! 街歩き体験談 Visitor's Voice

中世の雰囲気を体験できる夢の街

駅から歩いて旧市街の入口のレーダー門をくぐると、そこは別世界でした。城壁の中に石畳の狭い路地と中世以来の木骨組みの家々が並び、近代的な都市とはまったく異なる中世都市の風景が広がっていました。この街ほど中世の雰囲気を漂わせている街はないでしょう。

ドイツ観光局●大畑 悟さん

• イベントをチェック Event Calendar

12月 クリスマスマーケット

クリスマス飾りやおもちゃなどを売る屋台がマルクト広場に並ぶ。豆電球に彩られ、寒い冬の心温まるイベント。

非対称の尖塔がそびえ立つ
聖ヤコブ教会 St. Jakobs-Kirche

約170年をかけ1485年に完成したゴシック様式の教会。彫刻家リーメンシュナイダーの『聖血の祭壇』は必見。

2つの城門へと続く小さな広場、プレーンラインの景観は最もこの街らしい

今は平和な庭園の出入口
ブルク門 Burgtor

旧市街を囲む城壁の西側の門で、14世紀の大地震で改修されたが街では最古。要塞でもあり、危機の際は門上部の仮面のような開口部から煮えたぎる油を流し、敵を撃退した。

絵はがきによく登場する、街でいちばんかわいらしい一角

街歩きのお楽しみ

観 ▶ 夜警ツアー Nachtwächter

ローテンブルクが栄えていた中世に夜の街を守った夜警に扮して街を紹介。観光ガイドブックにはない街の逸話や小話などが聞ける。正式の夜警は1人、偽者に注意。英語とドイツ語のみ。

食 ▶ シュネーバル Schneeball

雪のボールの意。ローテンブルク伝統のお菓子。紐状のクッキー生地を野球のボールくらいの大きさに丸めて揚げ、チョコレートやシナモンをまぶす。

市庁舎展望台は高さ61mの、市街で一番高い塔。最上部からは旧市街のパノラマが開ける

正時に動く仕掛け時計
■市参事宴会場
Ratstrinkstube

議員が特権的に占有していた居酒屋。切り妻屋根には街を救ったマイスタートゥルンクの伝説にちなんだ市長と将軍の仕掛け時計がある。

マルクト広場に面するランドマーク
■市庁舎 Rathaus

1570年代にできたルネサンス建築と最も古い部分は1250年から続くゴシック建築からなる。東側の建物は1501年に焼失、西側のゴシック建築の塔は現在も存在する。

ロマンティック街道　ローテンブルク／ドイツ

老舗のスイーツ店。さまざまな種類のシュネーバルを販売

古くから続く鍛冶屋。職人の手による看板はおみやげにおすすめ

街を囲む城壁の東側は回廊になっており、中を歩くことができる

最強を誇った要塞
■シュピタール稜堡
Spitalbastei

城壁の南側、ジーバース塔からさらに南にある要塞。頑丈な城壁や七重の城門、内部の造りも興味深い。石畳に木骨組みの家並が続き、中世が甦る

COLUMN
マイスタートゥルンクの伝説

時は三十年戦争のさなか、プロテスタント軍側のローテンブルクはティリー将軍率いるカトリック軍に陥落。「特大ジョッキのワインを飲み干す者がいたら、市参事の斬首を取りやめる」という条件が出され、前市長ヌッシュがそれを成し遂げ、斬首を免れた。

🛏 **お泊まり情報** エレベーターは期待できない宿もある。石畳の道はキャスターには不向き。

戦禍を免れて、中世がそのまま生きる街

3 ディンケルスビュール ドイツ
Dinkelsbühl

ロマンティック街道 ディンケルスビュール／ドイツ

家の高さや形、屋根の角度や材質、色が統一されていて美しい。旧市街は城壁と濠で囲まれていた

| 基本データ | 人口 約1万1000人 | 面積 約75km² |

子供たちが救った三十年戦争の危機
中世のたたずまいを残す旧市街

　1130年頃には都市の形態に整備されはじめていた。街が最も栄えたのは14～15世紀のことで、この頃に旧市街を囲む城壁も完成し、東をヴェルニッツ川に面し、三方を城壁に囲まれていた。今は市民公園の緑地帯やその外側の濠がそれだ。さらにその城壁の東西南北に設けられた城門の外側に、フォアシュタットと呼ばれる街ができていた。

　中心はマルクト広場で、広場から延びる通り沿いに専門市が立っていたことで有名。ワインマルクトは広場というより通りのような細長い範囲にワインの店が並んでいた。同様にさまざまな専門店がゼークリンガー通りなどに立った。街は第二次世界大戦の戦禍にも遭わず、20世紀にも発展をみせた。

感動!!街歩き体験談 Visitor's Voice
中世の時代にタイムスリップする子供祭

毎年7月に行なわれる子供祭を目当てにこの街を訪れました。中世の衣装を着た街の人々がパレードを行なったり、普通に街を歩いたりしていて、まるでタイムスリップして不思議の世界に足を踏み入れたかのような感覚にとらわれました。お祭り中に行くのが絶対におすすめです！

ドイツ観光局●大畑 悟さん

・イベントをチェック Event Calendar・

7月 子供祭
7月第3月曜前後の10日間にわたり開かれる最大の祭り。三十年戦争の際、街を占領したスウェーデン軍の隊長に街を破壊せぬよう子供たちが懇願し、免れたことが起源です。

第二次世界大戦の戦禍から免れたため、中世の家並みがそのまま残る

ドイツの切手にも使用
ドイチェス・ハウス
Hotel Deutsches Haus

1440年建造のルネサンスの代表作。ホテルとレストランとして使われており、内装は近代的に改装されているが、本体は当時のままの木骨造り。

街歩きのお楽しみ
買▶夜警ツアー Nachtwächter

明かりが灯った旧市街を夜警の説明を聞きながら歩きまわる。聖ゲオルク大聖堂を21時に出発。冬季は土曜のみ。参加費は無料。ドイツ語のみだが参加者が英訳してくれることもある。

街で最古の門。牢獄や拷問部屋が残る
ローテンブルガー門 Rothenburger Tor

くるみ割り人形など、木製の手工芸品を豊富に取り揃えている
ベルンハルト・オレイネック Bernhard Oleinek
ドイチェス・ハウス

ツム・ヴィルデン・マン Zum Wilden Mann
ヴェルニッツ門 Wörnitz Tor
ラガーと黒、2種類のビールが味わえるレストラン

聖ゲオルク大聖堂
歴史博物館
マルクト広場 Marktplatz
観光案内所

ゴルデネ・ローゼ Goldene Rose
19世紀にヴィクトリア女王が宿泊した歴史あるホテル

後期ゴシック建築の教会
聖ゲオルク大聖堂
Münster St Georg

現在の建物の土台は15世紀の建築。塔はもともと単独にあったもので教会付属ではなかったが、熱望された教会独自の塔を造る計画が財政難で挫折し、教会と塔を合体した。

馬車に乗って街を観光することもできる

3D博物館
ネルトリンガー門 Nördlinger Tor

戦争と平和は永遠のテーマ
歴史博物館
Haus der Geschichte

2008年に旧市庁舎の建物に移転。300年以上にわたる街の歴史を、600点もの武器や生活用具、絵画などを通じて紹介する。英語ガイドあり。

人は自分自身を欺ける
3D博物館
Museum 3 Dimension

目の錯覚を起こす絵画、3Dの画像、ユニークなホログラム、3D技術の進化などを紹介している。実際に触れたり、3Dメガネをかけてみたり、体験型の展示も多い。

ロマンティック街道　ディンケルスビュール／ドイツ

COLUMN

多層階を可能にする中部以南の木骨組みの家

木骨組みの家は地方や建てられた年代により特徴は異なる。ロマンティック街道などで見られる木骨組みの家の構造は1階ずつ箱状に木を組み立て積み上げていく方式。階の間には敷桁、壁には石など強固な材質を使って各階を支えている。

お泊まり情報　マルクト広場北西にホテルは集中している。ドイツらしい木骨組みのホテルが多く、中世の雰囲気が残る。

隕石がつくったクレーター、お盆の上にできた街

4 ネルトリンゲン ドイツ
Nördlingen

家並の合間にのぞく城壁の屋根
中世のまま、時が止まったような街

　紀元前1500万年前、巨大な隕石が落ちてできたクレーターの中に造られた街。クレーターは直径約23kmにも及び、中心より南西へ6kmほどにネルトリンゲンの街がある。街は直径1kmほどの円形の城壁に囲まれている。1327年にできたもので、ほぼ当時のままの姿を残す。5つの門と11の塔があり、一周しても3kmほど、1時間もあれば歩ける。街の中心には聖ゲオルク教会が建ち、教会のダニエルの塔に上れば、約90mの高さから市街や城壁が一望できる。

ミュンヘンからドナウヴェルトまで鉄道で約1時間30分。ドナウヴェルトで乗り換え、ネルトリンゲンまで約30分

日本から✈約12時間

基本データ 人口 約1万9400人　面積 約68km²

ロマンティック街道

ネルトリンゲン／ドイツ

COLUMN

敵の襲撃から街を救った豚

ネルトリンゲンの街を歩くとあちこちで見かける豚の置物。豚は街を救った守り神なのだ。15世紀、夜襲をかけられそうになったそのとき、城門から逃げ出そうとする豚がいた。それを見つけた市民は大騒ぎ。敵は夜襲をかけそこなった。

	2
1	3
	4

1 円を描く旧市街の中心に建つ聖ゲオルク教会。教会の塔から旧市街を眺める
2 ゴシック建築の聖ゲオルク教会の塔"ダニエル"
3 マルクト広場から見る街並。右手奥が市庁舎。その手前はホテル・ゾンネ
4 空から見た旧市街。きれいな円形に城壁が街を囲んでいる様子がわかる

お泊まり情報 旧市街の中心部、市庁舎の隣にあるカイザーホフ・ホテル・ゾンネは1350年建造、1405年からは領主の館だった。

華やかなルネサンスの建物が街の隆盛を伝える

5 アウクスブルク ドイツ
Augsburg

**中世以来、飛躍的に発展した街は
バイエルン州3位の人口と経済力を誇る**

　アウクスブルクの起源は紀元前15年。その後、121年には古代ローマの都市としての権利を得ている。アウクスブルクが最も発展したのは15～16世紀。ヨーロッパでも一、二を争う都市になった。フッガー家等の富豪が活躍した時期とも重なる。ルネサンスの末期にかけては街の隆盛と相まって、多くの建物がルネサンス様式に変えられた。第二次世界大戦では多大な被害を受けたが、戦後当時のままに復旧。ドイツ・ルネサンスの傑作の数々が見られる。

基本データ　人口 約26万人　面積 約146km²

ロマンティック街道

アウクスブルク／ドイツ

1	2
	3
	4

■ COLUMN

ヨーロッパ一の大富豪

15～16世紀のアウクスブルクで巨万の富を築いたフッガー家。一家はヤコブ2世の祖父の代にこの地に移り、父は貿易で財を成した。ヤコブ2世になり、領主や皇帝への金融に手を広げる。担保には銀の独占販売の権利などもあり、富は増え続けた。スペイン王への貸金が原因で没落したが、一族の血脈は受け継がれた。

❶ 街のメインストリート、マクシミリアン通りは旅行者や地元の人で賑わう

❷ マクシミリアン通りから市庁舎広場を望む。正面に見えるのがペルラッハ塔

❸ 大富豪フッガーが社会福祉事業として建てた住宅

❹ ペルラッハ塔から望む市街。他の街より規模が大きく、家並にも大小がある

🛏 お泊まり情報　アウクスブルク中央駅、マクシミリアン通り周辺にホテルが多く、市街地を巡るのに便利。

バイエルンの王たちが愛した城へと誘う街

6 フュッセン ドイツ 🇩🇪
Füssen

ドイツ・アルプスに囲まれた山あいの街 南にはオーストリア国境が迫る

フュッセンという名がついたのは15世紀。それ以前、すでにローマ時代には、南のローマと北のアウクスブルクを結ぶアルプス越えの街道を警備するため、ローマ人が入っていた。海抜808m、街にはアウクスブルク司教の夏の離宮がある。フュッセンは高原の街、ドイツ人には保養地でもある。ノイシュヴァンシュタイン城とヴィース教会へのアクセスポイントだが、通り過ぎるだけでなく、山々や湖が織りなす風景、城や教会をゆっくり訪ねるのもいい。

基本データ 人口 約1万4000人 面積 約44km²

ロマンティック街道

フュッセン／ドイツ

	2
1	3
	4

COLUMN

ルートヴィヒ2世の夢の城

狂王とも呼ばれたルートヴィヒ2世が理想のすべてを傾けた城がノイシュヴァンシュタイン城。王の中世騎士道への憧れ、ワーグナーのオペラ、好むすべてのものを実現しようとした。1869年に着工、1886年には居住できるまでには完成。しかし、王が暮らしたのはわずか102日間。軟禁の翌日、謎の死を遂げた。

1 ドイツを代表する城、ノイシュヴァンシュタイン城へのゲートウェイとなる街
2 ドイツ・アルプスに囲まれた高原の保養地。街外れには湖や草原が広がる
3 ホーエス城は、アウクスブルクの司教の夏の別荘
4 ノイシュヴァンシュタイン城は王の死後2カ月足らずで一般公開された

お泊まり情報　フュッセン近郊には温泉やスパ施設が整った宿泊施設が揃っている。湖畔のロッジで息抜きという滞在もいい。

プロヴァンス&コートダジュール

中世から続くリゾート地や人情味豊かな街並を歩く

ニースの旧市街は昔ながらの雰囲気が残り、かわいらしいカフェや雑貨店が軒を連ねる

te d'Azur

紺碧の海岸線が続く地中海のリゾート地コートダジュールと、豊かな自然にあふれ、芸術家たちが好んで訪れたプロヴァンス。太陽に恵まれた南仏の明るいムードに浸りたい。

現地発のツアー情報

コートダジュールではニース、プロヴァンスではエクス・アン・プロヴァンス、またはアヴィニョンを拠点に周辺の街を半日から1日かけて巡るツアーが催行されている。効率良く巡ることのできるツアーを旅の目的、行き先に合わせて選びたい。

日本発ツアーの一例

旅の予算 25万円～　**旅の日程** 8日間

1日目 午前、日本からパリで乗り換えて夜、ニースへ。【ニース泊】

2日目 午前、2階建てバスに乗って観光名所を巡るツアーに参加。午後、サン・ポール・ド・ヴァンスで中世の雰囲気を味わう。【ニース泊】

3日目 終日、モナコをはじめ、マントン、エズを巡るツアーに参加。【ニース泊】

4日目 午前、人々で賑わうマルシェでおみやげを選び、午後は鉄道でエクス・アン・プロヴァンスへ向かう。【エクス・アン・プロヴァンス泊】

5日目 エクス・アン・プロヴァンスの街を散策。【エクス・アン・プロヴァンス泊】

6日目 終日、アヴィニョン、ゴルドなどプロヴァンスの魅力あふれる街のツアーに参加。【エクス・アン・プロヴァンス泊】

7-8日目 朝、エクス・アン・プロヴァンスから鉄道でパリへ向かう。飛行機に乗り換え、機中泊をして、8日目に日本に帰国。

華やかなリゾート地が見せる素顔の街並

7 ニース フランス
Nice

プロヴァンス&コートダジュール

ニース／フランス

城跡公園の展望台から美しい海岸線と街を一望。麓に連なるオレンジ屋根の一角が旧市街だ

| 基本データ | 人口 約34万4800人 | 面積 約72㎢ |

飾らずにひと息つける場所
生活を感じるイタリア風の街並

　弧を描く美しいビーチに燦々と降り注ぐ太陽。コートダジュールきっての高級リゾートの街で、気取らない日常を感じられる場所が旧市街ヴィエイユ・ヴィル。4〜5階建てのパステルカラーのアパートが、日差しを遮る迷路のような路地。窓には洗濯物がたなびき、階下では庶民派の食堂や店が賑やかに軒を連ねる。サレヤ広場の市場には、色とりどりの花や野菜があふれ、買物客の明るい声が響く。イタリア調の街並は、14〜19世紀にこの地を支配したイタリア王家サヴォイア家時代の名残だ。なかでも教会や宮殿など、17〜19世紀の壮麗なバロック建築が目をひく。マティスやシャガールの愛した街の全貌と地中海の魅力的な風景は城跡公園から満喫できる。

感動!! 街歩き体験談 Visitor's Voice
おみやげ探しは旧市街がオススメ
マセナ広場を中心に分かれる新市街と旧市街。旧市街に入ると街の雰囲気は一変します。パステルカラーの建物と迷路のような路地に南仏らしい雑貨やかわいいお菓子などのお店が点在し、おみやげ探しが楽しいです。サレヤ広場の朝市は曜日によって骨董市や花市も開かれます。
ミキ・ツーリスト●高畑 涼子さん

• イベントをチェック Event Calendar
2〜3月 カーニバル
冬の15日間、巨大でカラフルな山車がマセナ広場をパレード。夜には鮮やかなイルミネーションに包まれる。

窓を飾る鉄細工装飾など、住宅の随所にもバロックの名残が見つかる

開放感たっぷりの広場
マセナ広場 Place Masséna
街の中心に位置し、赤い建物に囲まれた広場。水場や噴水があり、中央をトラムが走り抜ける。

100年以上の歴史があるハンドメイドのかご(バニエ)専門店

多くの料理人が訪れる高級オリーブオイルの専門店

バロック様式の聖堂
サント・レパラト大聖堂 Cathédrale Sainte-Réparate
17世紀建造の大聖堂。瓦のドーム屋根が美しい。10月にはサント・レパラト祭りを行なう。

街歩きのお楽しみ
買▶サレヤ広場の市 Marché au Cours Saleya
月曜は骨董品や雑貨、火〜日曜には、花や野菜、果物のほか、はちみつやオリーブオイルなどの特産品も並ぶ。骨董市と花市は朝から夕方まで、食品は13時まで。

食▶ソッカ Socca
ひよこ豆の粉にオリーブオイルや塩を加え、クレープ状に薄く焼いた、シンプルな味わいのニースの名物料理。市場の屋台やレストランで味わうことができる。

英雄像が立つ
ガリバルディ広場
Place Garibaldi

旧市街の東端にあり、カフェやレストランが軒を連ねる。ニース出身でイタリア統一の英雄、ガリバルディの像が立っている。

ゴージャスな宮殿
ラスカリ宮
Palais Lascaris

17世紀に建てられたバロック様式の邸宅。内部は絵画や天井画など、豪華な装飾で彩られている。

魚市で知られる広場
サン・フランソワ広場
Place St-François

イルカの噴水の周りに魚市場が立つ。近隣にはシーフード・レストランが多い。

優美な天使の彫刻
ジェズ教会
L'Eglise du Gésu

1607年に建造された初期バロック様式の教会。内部は約160の天使の彫刻や絵で飾られている。

エレベーターで頂上へ
城跡公園
Parc de la Colline du Château

紀元前に造られた城塞があった小高い丘。展望台からはニース市街と地中海を一望できる。

プロヴァンス&コートダジュール　ニース/フランス

豪華な装飾に見惚れる
ミゼリコルド礼拝堂
Chapelle de la Miséricorde

18世紀の建造。天井のフレスコ画や祭壇画、宗教画が見事。内部見学は火曜日14時30分〜17時のみ。

サレヤ広場で週に一度、月曜日に開かれるアンティーク市

マルセイユ石鹸やハーブの店、生地屋さんなど、多彩なショップが並ぶ

お泊まり情報 駅周辺に安宿が多いが、治安を考えると新市街や旧市街のほうが安心。

中世のたたずまいにモダン芸術が溶け込む

8 サン・ポール・ド・ヴァンス フランス
St-Paul de Vence

画家シャガールが20年を過ごした フランスでも指折りの人気観光村

　鳥が山上に巣を作るように、防衛のため高台に築かれた「鷲の巣村」のひとつ。城壁が囲む丘上の旧市街に、中世の街並が見事な状態で保存されている。マティスやシャガールをはじめ、20世紀の著名な芸術家たちが美しい村のたたずまいに魅了され、芸術の種をこの地に蒔いた。目抜き通りには、16〜17世紀の石造りの家を利用した現代作家の工房やギャラリーが並ぶ。店の看板やオブジェ、郵便ポストにまで、中世の街の随所に現代アートが光る。

基本データ　人口 約3000人　面積 約7km²

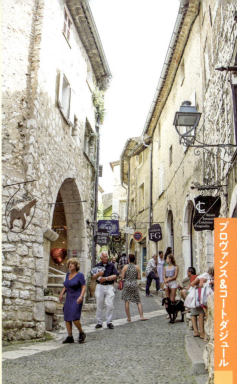

プロヴァンス&コートダジュール

サン・ポール・ド・ヴァンス／フランス

COLUMN

現代アートの宝庫へ

旧市街から10分ほど歩いた林の中に、ヨーロッパ屈指の現代美術コレクションを誇るマーグ財団美術館がある。多くの芸術家と親交を持ち、著名なコレクターであるマーグ夫妻が1964年に設立。シャガール、ミロ、ジャコメッティなど現代アートの巨匠の名作が、美しい自然と一体化するように屋内外に展示されている。

1	2
	3
	4

1 鷲の巣村の中央には、民衆の心のよりどころである礼拝所が設けられている
2 石造りの古い建物を利用したおしゃれなショップが狭い通りに並んでいる
3 旧市街の飲料水を担う噴水が街を美しく飾る。水は近くの川から引かれている
4 シャガールをはじめ多くの芸術家にも愛された

お泊まり情報　多くの著名人が滞在した老舗ホテル「ラ・コロンブ・ドール」が有名。麓の街に多くのホテルが点在する。

「地中海の宝石」を見下ろす崖上の歴史地区

9 モナコ モナコ・ヴィル モナコ
Monaco Monaco Ville

プロヴァンス&コートダジュール

モナコ モナコ・ヴィル／モナコ

海に突き出す崖の上に広がる旧市街。地中海とモナコの街並を一望する絶景スポットでもある

基本データ 人口 約3万6950人　面積 約2km²

世界のセレブ御用達のリゾート
古い街並でカジュアルに過ごす

　世界のセレブが集まる高級リゾート、あるいはF1開催地として知られるモナコ公国は、面積が皇居の2倍にも満たない小さな国だ。1297年、ジェノヴァ出身の現王室一族グリマルディ家が、断崖にある敵国の要塞を占拠して国が生まれた。城塞周辺に、旧市街の基礎が整備されたのは16世紀頃。現在、モナコ・ヴィルと呼ばれる一帯は、車1台通るのがやっとの狭い通りが縦横に走り、みやげ物屋やレストランが多くを占める。カジノや高級リゾートの並ぶモンテカルロ地区のような優雅さはないが、整然とした街並に上品さが漂う。海辺には大公宮殿やモナコ大聖堂の荘厳な歴史建築。これらの並ぶ沿岸には、地中海と街を見晴らす絶景の散歩道が続いている。

感動!! 街歩き体験談　Visitor's Voice
カジュアルさに気品漂う青と白
モナコといえば豪華絢爛なイメージですが、旧市街はひと味違います。海岸沿いの散歩道をのんびりと歩けば、海や空の青さ、そして地中海らしい建物の白さが織りなす絶妙な美しさに、身も心もリフレッシュ。また小道に入れば、親しみやすい繁華街が顔を出し、思わず引き込まれます。
フランスエクスプレス●田中 陽子さん

●イベントをチェック　Event Calendar●
5月　モナコ・グランプリ
市街地の一般道路がコースのため、間近でスリリングなレースが見られる人気のF1。モナコが最も盛り上がり、付近のホテルは半年から1年前には予約でいっぱいに。

今も大公一家が暮らす
大公宮殿
Palais Princier

13世紀の貴族の城館から始まり、現在のルネサンス建築は18世紀の改築。豪華な宮殿内の一部を4～10月に一般公開し、毎日11時55分に衛兵交代式が行なわれる。

海辺に煌めく夜景の美しさでも知られるモナコ。まさに「地中海の宝石」

街歩きのお楽しみ

観 ▶モナコ・ツアーズ Monaco Tours
汽車のようなオープンエアの連結バスで行く市街一周ツアー。海洋博物館から出発し、旧市街や港、カジノ前などを約30分で巡る。3～11月半ばに30分間隔で実施。

観 ▶カジノ Casino
ゴージャスなカジノの雰囲気を味わいたいならカジノ・ド・モンテカルロへ。宮殿のような優雅な内装の正統派カジノだ。入場料が必要で、服装は正装が基本。

港には豪華なクルーザーやヨットが係留。街は傾斜地に広がっている

バトービュス乗場

モナコ港
Port de Monaco

Quai Antoine 1er
カランテーヌ通り　Avenue de la Quarantaine
ポルト・ヌーヴ通り
Avenue de la Polte Neuve

王室御用達のチョコレートショップ。人気は王冠形のチョコ

モナコ・ヴィル
Monaco Ville

ショコラトリー・ド・モナコ
Chocolaterie de Monaco ★

● モナコ公の歴史博物館
　Historial des Princes de Monaco

エミール・ド・ロト通り
Rue Emile de Loth
サン=マルタン通り
Avenue St-Martin

モナコ・ツアーズ
Monaco Tours

★ 海洋博物館と水族館

● モナコ博物館
　Musée du Vieux Monaco

★ モナコ大聖堂

約30分で市内のおもな見どころをまわるツアーは海洋博物館の前が出発点

● 裁判所
　Palais de Justice

N　0　100m

美しい祭壇画は必見
モナコ大聖堂
Cathédrale de Monaco

1875年建造のロマネスク・ビザンチン建築。歴代大公やグレース王妃の墓があり、宗教芸術の傑作が多い。

カジュアルなムードの旧市街。夜にはリゾート客も食事やお酒を楽しみに集まってくる

欧州最大の水族館
海洋博物館と水族館
Musée Océanographique et Aquarium

海洋学者でもあった大公アルベール1世が1910年に開設。地下の水族館の水槽で、海の生態系を再現している。壮麗な建物も見事。

COLUMN

王妃となった女優グレース・ケリー

1929年にアメリカの裕福な家庭に生まれたグレース・ケリー。エレガントな映画女優として活躍中の1955年、南フランスでモナコのレーニエ大公と出会い、翌年結婚。ハリウッド女優が王妃となるシンデレラ・ストーリーが話題となった。王妃となってからはグレース王妃基金などモナコの芸術文化の発展に貢献したが、1982年交通事故で他界。モナコ大聖堂で永遠の眠りについている。

プロヴァンス&コートダジュール

モナコ　モナコ・ヴィル／モナコ

お泊まり情報　高級リゾートホテルが多い。ボーソレイユなどフランスの近隣都市で手ごろなホテルを見つけやすい。

泉水と並木道が華やかなセザンヌゆかりの街

10 エクス・アン・プロヴァンス フランス
Aix-en-Provence

プロヴァンス&コートダジュール

エクス・アン・プロヴァンス／フランス

プラタナスの並木と瀟洒な建物が連なるミラボー通りの繁華街。苔むした泉が独特の趣を添える

基本データ 人口 約14万3400人 面積 約186㎢

17世紀の面影を残す古都
点在する泉や噴水が街を潤す

　街の名にある「エクス」とは、ラテン語の「水」が語源だ。温泉と水に恵まれ、街角のいたるところで趣のある噴水や泉に出会う。街は12世紀にプロヴァンス伯爵領の首都となり、15世紀にはプロヴァンス地方の政治と学問・芸術文化の中心として繁栄した。印象派の巨匠・セザンヌの故郷としても有名だ。プラタナス並木が木陰をつくるミラボー通りは、城壁跡に整備された昔の馬車道。その通りの北側に旧市街が広がる。石畳の細い路地が網の目のように走り、17〜18世紀の趣ある街並が続く。重厚な市庁舎や荘厳な大聖堂がたたずみ、カフェや商店が沿道に軒を連ねる。ミラボー通りにある街最古のカフェのテラスでくつろぎ、瀟洒な街の雰囲気を楽しみたい。

感動!! 街歩き体験談 Visitor's Voice
履き慣れた靴で歩きましょう!

ジェネラル・ド・ゴール広場から旧市街を散策しながら徐々に坂を上り、セザンヌの絵のモデルとなった風景が見える丘へ。そこからの風景は素晴らしかったです。たっぷり歩いたあと、街へ戻り、建物のやわらかい色、泉や緑に囲まれたカフェでのランチはまた格別でした。

ミキ・ツーリスト●松井 智子さん

• イベントをチェック Event Calendar •

7月 エクス・アン・プロヴァンス音楽祭

毎夏に約1カ月間開催されるフランスの代表的な音楽祭。劇場や市庁舎中庭、大聖堂などで、オペラを中心にコンサート、室内楽、イベントなどが楽しめる。

華やかな建物も魅力
タピスリー美術館
Musée des Tapisseries
17世紀に建てられた大司教邸宅の建物を利用。17〜18世紀のタペストリーを展示する。

風雅な庭園を散策
パヴィヨン・ド・ヴァンドーム
Pavillon de Vendôme
かつての貴族の館に家具や絵画が飾られ、17〜18世紀の貴族の暮らしぶりを伝える。建物の周りには往時のフランス式庭園が広がる。

石畳の通りに、ファサードの美しい歴史建築が肩を寄せ合う

時計塔のある17世紀の市庁。前の広場は生花市場になっている

街歩きのお楽しみ
食 ▶ **カリソン** Calissons
エクス・アン・プロヴァンス名物のカリソン、特産のアーモンドをペースト状にし、砂糖をまぶした焼菓子。街中に専門店がある。

街の歴史を物語る貴重な建物
サン・ソヴール大聖堂
Cathédrale St-Sauveur

5～17世紀のさまざまな建築様式が見られる。ロマネスク様式の回廊の彫刻、フレスコ画など見どころが多い。

地元出身のセザンヌ作品を鑑賞
グラネ美術館
Musée Granet

セザンヌ、ルーベンス、レンブラントなど、14～20世紀の絵画コレクションを展示。旧修道院だけあって荘厳な雰囲気が漂う。

温泉の湧く泉も。いたるところで見られる泉や噴水はそれぞれ違う趣

COLUMN
印象派画家セザンヌゆかりの地を巡る

エクス・アン・プロヴァンスで生まれたポール・セザンヌはパリで絵を志し、22歳で故郷に戻ってアトリエを構えた。晩年に評価を得て、近代絵画の父と称された。市街にある生家やアトリエ、セザンヌが好んで描いた郊外のサント・ヴィクトワール山など、ゆかりの場所を訪れたい。

プロヴァンス&コートダジュール

エクス・アン・プロヴァンス／フランス

お泊まり情報　旧市街やその南のマザラン地区などに趣あるホテルが点在しており観光に便利。

北のヴァチカンと呼ばれた古風な城壁都市

11 アヴィニョン フランス
Avignon

プロヴァンス&コートダジュール

アヴィニョン／フランス

度重なる倒壊で途切れたままのサン・ベネゼ橋。この橋を歌ったフランス民謡が街を有名にした

基本データ 人口 約9万100人 面積 約65㎢

カトリック世界の中心になった石造りのクラシックモダンな街並

　フランス南東部を流れるローヌ川のほとりの街。「アヴィニョンの橋の上で踊ろうよ、踊ろう」の歌で知られる古めかしい石橋が風情を誘う。14世紀初頭の70年間、街にはカトリック世界の中枢、ローマ教皇庁が置かれていた。フランス王の庇護のもと、教皇は贅沢三昧の日々を送り、街は芸術文化に彩られた。全長4.3kmの城壁に囲まれた旧市街に、往時の栄華の残り香がある。17～18世紀の石造建築が並ぶ通りに、ひときわ威厳をみせる14世紀の教皇庁宮殿や教会。ブティックやカフェのモダン文化も入り交じり、古風で洗練された街並が生まれた。路地の壁を飾るユニークなだまし絵や時計台広場の大道芸人、7月の演劇祭。街は今もアートな薫りにあふれている。

感動!! 街歩き体験談　Visitor's Voice

迷路のような楽しい石畳の道

展望台からの川と橋の風景が有名ですが、時計台広場の周辺の細道に入ると、壁に楽しげな絵が描かれていたり、思わぬところに出るなど、街歩きも楽しいのでおすすめです。また、泊まるのなら、ぜひ早く起きて、外から城壁を見てください。朝霧の中に立つ姿は荘厳でした！
　　　　　　　　　　　　　　ミキ・ツーリスト●松井 智子さん

•イベントをチェック Event Calendar

7月 演劇祭

7月上旬の3～4週間、演劇のほかバレエやダンス、大道芸など多彩な出し物が披露され、街中が華やかに。有名演者や自主公演を含めて1日800公演以上が行なわれる。

4つのアーチが美しい
サン・ベネゼ橋
Pont St-Bénézet

12世紀に架けられた石橋。橋の礎を築いた羊飼いベネゼの伝説が残る。戦禍や川の氾濫で何度も壊れ、現在は一部が残る。

金のマリア像をいただく
ノートル・ダム・デ・ドン大聖堂
Cathédrale Notre-Dame des Doms

12世紀のロマネスク様式の聖堂。幾度も破壊、改修を繰り返し、19世紀には鐘楼の上に金のマリア像が設置された。2013年9月より2年間の予定で改修。その間は内部見学不可。

調度品や陶器も展示
カルヴェ美術館
Musée Calvet

18世紀の豪華な邸宅を利用した美術館。エジプトやギリシャ時代の彫刻、マネ、ユトリロなど15～20世紀の絵画と幅広い展示内容。

街歩きのお楽しみ

買 ▶**中央市場** Les Halles

新鮮な食料品や惣菜が並ぶ常設市場で地元の食事情をチェック。プロヴァンスの特産品などみやげにいい食料品も安く手に入る。

建物の装飾も見事
プチ・パレ美術館
Musée du Petit Palais

建物は14世紀の枢機卿の邸宅。13〜16世紀のイタリア絵画や彫刻が揃う。ボッティチェリの『聖母子』などの傑作が見られる。

要塞を思わせる大宮殿
教皇庁宮殿
Palais des Papes

14世紀に歴代教皇が暮らした宮殿。素朴な北半分の旧宮殿に対し、南半分の新宮殿は豪華絢爛。内部のほとんどは破壊されたが、礼拝堂に残るフレスコ画などを見学できる。

名コレクションが揃う
アングラドン美術館
Musée Angladon

ピカソ、モネ、セザンヌ、藤田嗣治など19〜20世紀絵画が中心。18世紀の芸術品も展示。

カフェテラスがやメリーゴーランドまである時計台広場はいつも賑やか

古い街並にモダンカルチャーが入り交じった通りは散策や買物が楽しい

• COLUMN

風光明媚なローマ時代の巨大水道橋

アヴィニョンから西へ約25km。古代都市ニーム近郊を流れるガール川に、ローマ時代の水道橋ポン・デュ・ガールが架かる。高さ49m、長さ275mに及ぶ3層アーチ構造の壮大な建築物で、約50km離れた水源地ユゼスからニームへ飲料水が運ばれた。ローマ人の高い土木技術がうかがえ、世界遺産に登録されている。中段の通路を渡ることができ、ツアーに参加すれば最上部の見学も可能だ。

お泊まり情報 演劇祭の最中はハイシーズンになり、混雑が予想されるので早めの予約が望ましい。

壮大な自然に包まれて天空に浮かぶ石城都市

12 ゴルド フランス
Gordes

ローマ時代の城塞から発展
現代画家が愛する丘上都市

　山岳と田園地帯に囲まれたリュベロン地方の村。平地に張り出した山麓の斜面に12世紀に要塞が築かれ、安全を求めた周辺住民が徐々に移り住んで街が生まれた。南仏に多い山上の街、いわゆる「鷲の巣村」のひとつだ。頂点に建つゴルド城を中心に、石造の家々がらせん状に連なる。道も壁もすべて石材の褐色のため、旧市街全体がひとつの城塞を思わせる。包み込む自然と幻想的な街の景観により、「フランスの最も美しい村」のひとつに選ばれている。

日本から約12時間30分
パリからアヴィニョンまで鉄道で約2時間40分。アヴィニョンからゴルドまで車で約50分
約3時間30分

基本データ　人口 約2000人　面積 約48km²

プロヴァンス&コートダジュール

ゴルド／フランス

COLUMN

古代のボリー村を訪ねる

ゴルドの旧市街のほど近くに、円錐形の石積みの建物が並ぶ一帯がある。ボリーと呼ばれる建物は、漆喰を使わず平らな石を積み上げた簡素な造り。約3000年前の青銅器時代から住居や納屋として使われ、19世紀半ばまで人が暮らしていた。今では一帯をボリー村として復元・保存し、ゴルドの古い歴史を伝えている。

1	2
	3
	4

1 バベルの塔のような街。映画『天空の城ラピュタ』のモデル地と噂される
2 石造りの美しい街並は、多くの現代画家たちに今も愛され続けている
3 現在のルネサンス様式のゴルド城。大広間にある暖炉の装飾が素晴らしい
4 約20戸の歴史住居が保存された「ボリーの村」

お泊まり情報　ラ・バスティード・ドゥ・ゴルドのようなサービスが行き届いたホテルもあれば、長期滞在者向けの小さな宿泊施設もある。

Cotswolds

ゆるやかな丘陵地に広がるはちみつ色の家並
コッツウォルズ

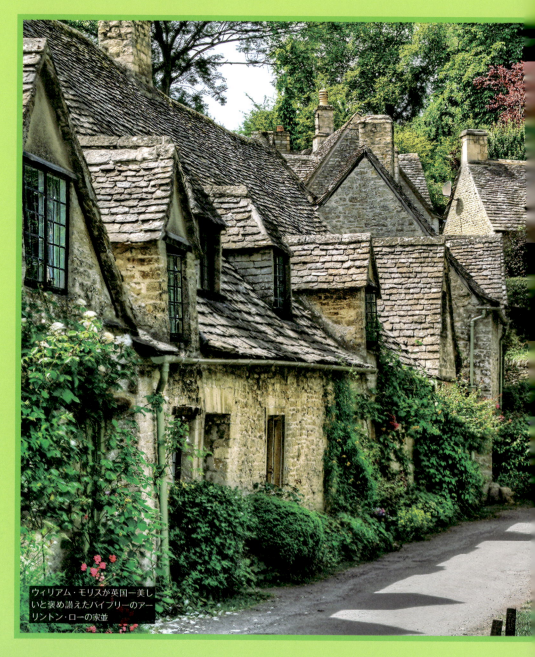

ウィリアム・モリスが英国一美しいと褒め讃えたバイブリーのアーリントン・ローの家並

豊かな緑が広がる丘陵地帯と石造りの家がみせる美しい風景は絵本の世界を彷彿とさせる。中世のイギリスの面影を色濃く残す村々でのどかな散策を楽しみたい。

現地発のツアー情報

鉄道では効率良くまわることが難しいので、バスツアーがおすすめ。ロンドンから日帰りで3〜4つの村をまわれるものからオックスフォードやバースなども訪れるものまで多彩に揃う。ゆっくりまわりたいならば中世の貴族の屋敷をホテルとして運営するマナーハウスに泊まるプランもある。行きたい村、目的に合わせてじっくりと選ぼう。

日本発ツアーの一例

旅の予算	旅の日程
25万円〜	**8日間**

1日目	夜、日本から直行便でロンドンへ向かう。[機中泊]
2日目	昼、ロンドンに到着後、専用車で**ボートン・オン・ザ・ウォーター**へ。客室がかわいいと評判のB&Bに宿泊。[ボート・オン・ザ・ウォーター泊]
3日目	終日、**ボートン・オン・ザ・ウォーター・チッピング・カムデン・バイブリー**を巡る。19世紀のデザイナー、ウィリアム・モリスが英国で最も美しい村と賞讃したバイブリーのホテルに宿泊。[バイブリー泊]
4日目	最近注目されているテットベリー、マームスベリー、レイコック、**カッスル・クーム**の南コッツウォルズを観光。[カッスル・クーム泊]
5〜6日目	バース、ストーンヘンジを観光しながらロンドンへ。6日目は、市内観光。夜は、レスター・スクエアでミュージカルを観る。[ロンドン連泊]
7〜8日目	ロンドンから直行便で日本へ。機中泊をして、8日目に日本に帰国。

やさしい風景に包まれた、イングランドを感じる街

13 ボートン・オン・ザ・ウォーター
Bourton on the Water

イギリス 🇬🇧

コッツウォルズ ボートン・オン・ザ・ウォーター／イギリス

水と豊かな緑、さらに、この地方ならではのはちみつ色の石と称される石灰岩の家が調和する

ロンドンからモートン・イン・マーシュまで鉄道で約1時間30分。モートン・イン・マーシュからボートン・オン・ザ・ウォーターまでバスで約30分

基本データ 人口 約3100人

ロンドンから日帰りも十分できるが、静寂のなかで迎える朝も体験したい

　イングランドの中心に位置し、最もイングランドらしい景観と風情を残すのがコッツウォルズ地方だ。美しい村が点在し、世界中の観光客で賑わう。

　ボートン・オン・ザ・ウォーターはコッツウォルズのほぼ中心にある街。村の教会が歴史上に初めて登場するのは709年のこと、その後1110年には石造りの教会が造られている。街の真ん中をウィンドラッシュ川が流れる。小さな川だが澄んだ美しい水で、たっぷりとした水量は1976年の干ばつのときも涸れることがなかったという。川には小さな歩行者専用の石橋が架かる。川と並行してハイ・ストリートが街を貫く。沿道には18世紀頃に建てられた石壁の家にレストランや雑貨の店が並ぶ。

感動!! 街歩き体験談　Visitor's Voice
何もせず心の安らぎを与えてくれる場所

ウィンドラッシュ川沿いの芝生には、寝そべり日光浴をする家族連れや、水に足をつけ水鳥と遊ぶ子供たち。キャンバスに絵を描いている人も。ここでは思い思いの休日を過ごすのが流儀。私も地元の方たちに倣って、のんびり散策を楽しみました。久しぶりに贅沢な時間でした。
ユーラシア旅行社●冨永 和弥さん

●イベントをチェック Event Calendar●
8月 ザ・ウォーター・ゲームス
ウィンドラッシュ川で行なわれる恒例の水中サッカー。川に浮かぶサッカーボールは思うように蹴れず、びしょ濡れの選手に川岸の観戦者から声援が飛ぶ。

石造りの教会の塔が歴史を物語る
セント・ローレンス教会
St. Lawrence's Parish Church
祭壇と塔は14世紀のもの。当時の建物の一部が残るが、大半は19世紀後半に再建された。

20世紀を駆け抜ける旅
自動車博物館
The Cotswolds Motor Museum
年代物の車、クラシック・カーなど、ファンでなくとも興味深い四輪車やトレーラーなど、あらゆる車が展示されている。

豊かな緑のなかで羊が草を食む、のどかな風景が街の近くに広がる

街歩きのお楽しみ
買▶コッツウォルド・パフューマリー Cotswold Perfumery
家族経営の小さな香水の店だが、制作から販売まで一括でやっている店は欧州でも数少ない。エリザベス女王の御用達でもある。見学ツアーもある。

世界の名品が揃う、ファン垂涎の店
モデル・レイルウェイ
Bouton Model Railway Exhibition
鉄道模型の展示と販売を行なう。2階の博物館では鉄道のジオラマが見事。1階のショップでは、鉄道模型だけでなく付属品も充実。

街の真ん中に豊かな水をたたえて流れるウィンドラッシュ川

村人の心のよりどころだった
バプティスト教会
Bourton-on-the-Water Baptist Church
1650年頃に創設されたが、現在の建物は1875年に再建されたもの。いつの時代にもここに暮らす人々の信仰の中心であり続けた。

街の様子を忠実に表現
モデル・ヴィレッジ
The Model Village
典型的なコッツウォルズの風景ともいえるボートン・オン・ザ・ウォーターの街並を9分の1のミニチュアで再現。制作には5年を費やした。

ハイ・ストリートを行く馬車タクシーで観光するのも一案

貴重な環境で鳥を観察
バードランド
Birdland
創設は1957年、現在の場所に移ったのは1989年のこと。森や川、庭など自然な環境のなかにフラミンゴ、ペンギン、鶴など約500の鳥類が飼われている。

お泊まり情報 ハイ・ストリート、リッシントン・ロード沿いにB&Bが集まる。村人の社交場・パブ兼イン(INN)の宿屋もアットホームでおすすめ。

最もコッツウォルズらしい風景が広がる村

14 バイブリー イギリス
Bibury

緑のなかのはちみつ色の家には
今も普通に人々の暮らしがある

　コッツウォルズの村のなかでも最もコッツウォルズらしい風景が見られる村として内外の旅行者に人気がある。観光客がまずめざすアーリントン・ロウは、1380年に建てられたもので当時は羊毛を扱う店だった。傾斜の急な屋根と石壁が特徴で、太陽の向きでさまざまな色に変化する。現在、アーリントン・ロウの家はナショナルトラストの管理下にあり、民家として人々が暮らしている。家々の前庭にはきれいに植えられた花が咲き誇る。

ロンドンからサイレンセスターまで鉄道で約1時間30分。サイレンセスターからバイブリーまでバスで約20分

基本データ　人口 約630人

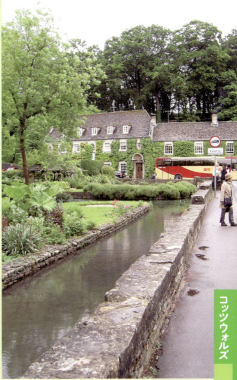

コッツウォルズ

バイブリー／イギリス

> COLUMN

19世紀のマルチクリエイター

ウィリアム・モリス(1834〜96)は詩人、デザイナーであり、かつ社会思想家でもあった。とくに近代工芸デザインの創始者ともいわれ、ファブリックやインテリアに使われた野の花や果実のデザインは現代にも通じる。そのモリスが最も美しい村と讃えたのがバイブリーだ。モリスのデザインを彷彿させる素朴な美しさに出会える。

1	2
	3
	4

1 街いちばんの見どころは、14世紀に建てられた石造りの家が並ぶアーリントン・ロウ
2 アーリントン・ミル博物館からスワン・ホテルへの道沿いにもコルン川が流れる
3 清らかなコルン川の流れにゆらゆらと水草が揺れ、水鳥が遊ぶ姿も見える
4 ツタのからまるスワン・ホテルは、マス料理が名物

🛏 お泊まり情報　トラウト・ファームの隣のスワン・ホテルと村から少し離れたバイブリー・コート・ホテルが人気。

映画のワンシーンが甦る村には中世の風

15 カッスル・クーム　イギリス
Castle Combe

時の流れに置いていかれた村で
自然に生きることのやさしさを知る

　カッスル・クームはコッツウォルズの南西部、バイブルック川の谷の間に開けている。コッツウォルズで最も愛らしい村でもある。この地方のほかの街や村と同様、カッスル・クームの繁栄もまた、羊とウールが基本にあった。小さな村ではあるが羊毛の交易には非常に重要だった。村は14世紀頃にできたが、そのときに造られたのがマーケット・クロス。村の中心にあり、週1回の市が開かれた。村は今、いちばんの隆盛をみた当時のままに静かにたたずんでいる。

ロンドンからチッペナムまで鉄道で約1時間10分。チッペナムからカッスル・クームまでバスで約20分

カッスル・クーム★ 約1時間30分
ロンドン 日本から約12時間30分

基本データ　人口 約350人

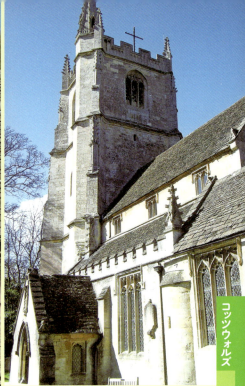

カッスル・クーム／イギリス

コッツウォルズ

COLUMN

貴族の館に泊まってみる

イギリスの地方にはかつて村を治めていた貴族の館がたくさん残っている。なかには、建物を改装しホテルやレストランとして使っているものも多い。ここ、カッスル・クームにはかつてこの地を支配していたノルマン人の14世紀に建てられた城がザ・マナー・ハウス・ホテル＆ゴルフ・コースとして優美な姿を見せている。

1	2
	3
	4

1 『ドリトル先生』や『戦火の馬』など、映画やテレビの撮影にも使われる絵のような街
2 村人たちの信仰を支え続けたセント・アンドリュース教会は12世紀の建造物
3 谷間の小さな村はコッツウォルズで最も愛らしい村と称賛される
4 14世紀建造のマーケット・クロスは街の中心にある

お泊まり情報　村には宿泊施設が少ない。少し離れたアッパー・カッスル・クームには手ごろな値段でアットホームなB&Bがある。

連なる家並の石壁がとりわけ美しい
16 チッピング・カムデン　イギリス
Chipping Campden

**羊毛の取引で築いた名声と繁栄が
コッツウォルズの愛すべき街をつくった**

　コッツウォルズ地方北部にある街で13～14世紀頃に羊毛で栄えた。チッピングとは古い英語で市場とか市が立つところを意味する。その名残が街の真ん中にあるマーケット・ホール。屋根と柱のみの石造りの建物だ。マーケット・ホールがある通りがハイ・ストリートで、街のメインストリート。ゆるやかにカーブし、石灰岩の家が両側に並ぶ。太陽の当たり方で、壁の色が変わるさまが美しい。街のほとんどは1970年に古都保存区域に指定されている。

ロンドンからストラトフォード・アポン・エイヴォンまで鉄道で約2時間。ストラトフォード・アポン・エイヴォンからチッピング・カムデンまでバスで約30分

基本データ　人口 約2200人

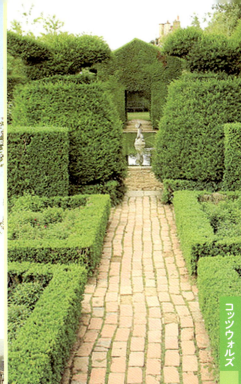

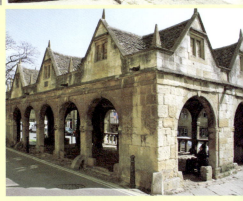

コッツウォルズ

チッピング・カムデン／イギリス

COLUMN

心安らぐイングリッシュ・ガーデン

チッピング・カムデンの郊外には隣り合うように2つの有名な庭園がある。ヒドコート・マナー・ガーデンとキフツゲート・コート・ガーデンだ。ヒドコート・マナーは典型的なイングリッシュ・ガーデンで、自然に植えられた季節の草花が美しい。キフツゲート・コートは、庭園名にもなっているキフツゲート種のバラが咲き誇る。

1	2
	3
	4

1 ショップが並ぶハイ・ストリート。手工芸品や銀細工を扱う店が多い
2 車で10分ほどにあるヒドコート・マナー・ガーデン
3 ハイ・ストリートはマーケット・ホールを挟むように2つに分かれ、再び合流
4 マーケット・ホールが造られたのは1627年。農産物や工芸品が取り引きされた

お泊まり情報　ハイ・ストリート沿いにクラシックな雰囲気を持つホテルやB&Bが点在する。

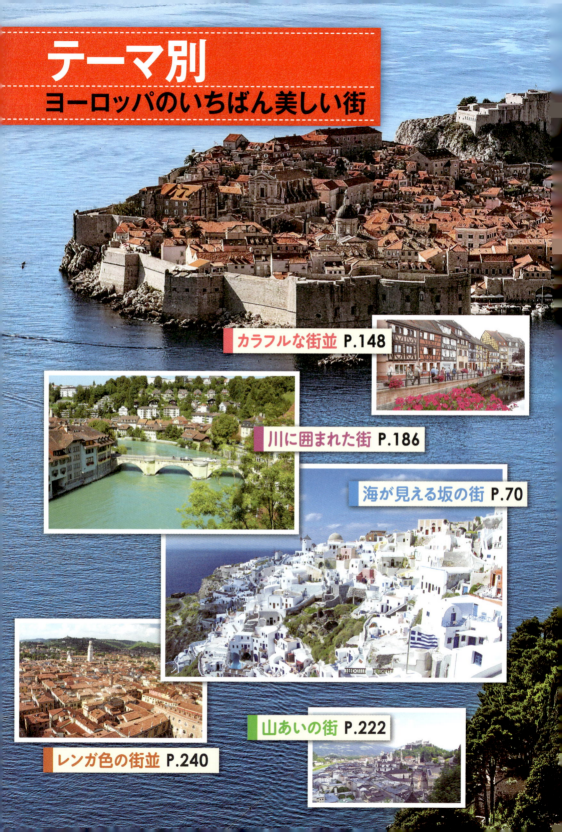

テーマ別
ヨーロッパのいちばん美しい街

カラフルな街並 P.148

川に囲まれた街 P.186

海が見える坂の街 P.70

山あいの街 P.222

レンガ色の街並 P.240

城塞の街 P.84

白い街と島 P.134

湖畔の街 P.212

断崖絶壁の街 P.170

不思議な街並 P.202

運河のある街 P.112

17 アマルフィ イタリア 🇮🇹
Amalfi

海が見える坂の街 アマルフィ／イタリア

青い海と急峻な山肌に建つ家々の白い壁が映える小さな海の共和国

美しい景観のなかに海洋都市国家の威信を見る

基本データ 人口 約5350人　面積 約6.1km²

海洋都市としての歴史、際立つ絶景、断崖に暮らす人々が混然一体となる

　339年に置かれた交易所がアマルフィの起源。839年にはナポリ公国から独立しアマルフィ公国として勢力を拡大。造船や航海術さらには商才を生かし、地中海や黒海の覇権を争うまでになった。アマルフィ大聖堂に見られるイスラム様式などは、イスラム諸国との交易の影響だ。しかし、11世紀にはすでに絶頂期に達していたアマルフィの繁栄は長くは続かなかった。1131年にはノルマンに征服され、その後は衰退の一途をたどり、1343年の嵐で都市の機能は壊滅する。20世紀になり、芸術家や文化人によって、その景観の美しさが世界中に知れ渡ると、セレブが集う高級リゾート地として建物などが改修、整備され、世界遺産の街としても知られる。

現地発のツアー情報

ローマかナポリを出発する日帰りツアーが多い。火山に埋もれた古代都市ポンペイや、アマルフィ海岸の起点、ソレントなどと併せて巡るツアーが一般的。

感動!! 街歩き体験談　Visitor's Voice

海から眺めるアマルフィ海岸の街

アマルフィの街に近づきながら視界に見えてくる海と美しい街のたたずまいに胸が躍ります。車やバスでの陸からのアプローチ、そして船で海から街を眺めるのもおすすめです。もし時間があればアマルフィからバスで30分、標高350mの断崖の上にある天空の街ラヴェッロにも。眼下に広がる海の絶景には息をのむことでしょう。

イタリア政府観光局●三浦 真樹子さん

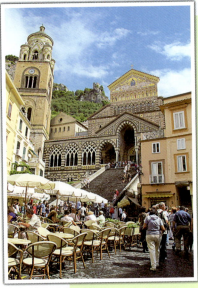

カフェのテラスや屋台が並ぶ小さな憩いの場。ドゥオモへは62段の階段が通じている

海にまつわる道具が充実
市立博物館
Museo Civico

街の歴史やその生活を伝える博物館。市庁舎にある。とくに最古の海事法といわれるアマルフィ海法文書は必見。海に関する展示物が多い。

急坂の街を下ると紺碧の海が広がる。夏場はビーチリゾートとして賑わう

街歩きのお楽しみ

買 ▶ **リモンチェッロ** Limoncello

アマルフィをはじめナポリ湾周辺の街で産するレモンを使ったリキュール。アルコール度も糖度も高く、食後酒として愛飲されている。

海が見える坂の街　アマルフィ／イタリア

アマルフィの手漉き紙発祥の地
手漉き紙資料館
Museo della Carta Amalfi

やさしい感触の高級手漉き紙としてヨーロッパでは有名なアマルフィ紙の歴史や制作方法を伝える資料館。唯一残る製紙工房と隣接。

- 街のメインストリート。ショップやレストラン、ホテルが並ぶ
  ロレンツォ・ディ・アマルフィ通り　Via Lorenzo di Amalfi
- 司教区博物館　Museo Dicesano
- ★天国の回廊
- 通りの東にあるアマルフィの塔からは斜面に並ぶ家並が望める
- ★ドゥオモ
- ドゥオモ広場　P.za Duomo
- ドジ広場　P.za dei Dogi
- アマルフィの塔／月の修道院
- 市立博物館
- 海岸通り　Corso delle Repubbliche Marinare
- フラヴィオ・ジョイア広場　P.za Flavio Gioia
- マリーナ・グランデ　Marina Grande
- フェリー乗場
- カプリ島、ソレント、ポジターノなどへの船が出航

海洋都市国家アマルフィの栄華を語る
ドゥオモ
Duomo

創建は987年だがその後、改築、改修、合体などが行なわれた。改修ごとに時代の様式を反映し、バロック、イスラム、ゴシック、ビザンチンなど、さまざまな様式が見られる。

白い回廊に映える中庭
天国の回廊
Chiostro del Paradiso

大聖堂の北側にあり、植物が鮮やかな美しい中庭を取り囲む。アマルフィの富裕層の墓地として1268年に造られた。

COLUMN
切り立つ断崖と深い青をたたえる海が織りなす景勝

ナポリの東南約37km、長靴形をしたイタリアの足首あたりのところに刺のように突き出た半島、ソレント半島がある。その南側、アマルフィを中心に東西約38kmの海岸線をアマルフィ海岸と呼ぶ。半島にそびえるラッターリ山脈の尾根や谷がいきなり海へと落ち込む。そのさまの美しさをたたえ"世界一美しい海岸"と称され、世界遺産に登録されている。

日本発ツアーの一例 ✈

旅の予算　17万円〜　　**旅の日程**　8日間

1日目	日本からイタリア、ローマへ向かう。夜、ローマ到着。【ローマ泊】
2日目	ローマから飛行機でナポリへ。午後、ナポリ到着。青の洞窟で有名なカプリ島を船で観光する。【カプリ島泊】
3日目	カプリ島から船でソレントへ行き、車に乗り換え**アマルフィ**へ向かう。【アマルフィ泊】
4日目	終日、**アマルフィ**を観光。**ドゥオモ**や**天国の回廊**などを見学。ソレント経由で列車に乗り換えナポリに向かう。【ナポリ泊】
5日目	午前中、ナポリを観光。午後、飛行機でローマに向かう。【ローマ泊】
6日目	終日、ローマを観光。バチカン美術館など観光名所を見学する。【ローマ泊】
7〜8日目	午前、市内を観光してから空港へ。機中泊をして、8日目に日本に帰国。

 **お泊まり情報**　「月の修道院」と呼ばれるホテルは、13世紀に修道院として建造。19世紀になってホテルに改修。当時の回廊やチャペルが残る。

18 サントリーニ島 ギリシャ
Santorini

アトランティス大陸の伝説が残る島
エーゲ海の美景を求めて路地散策

　クレタ島の北に浮かぶエーゲ海の小島で、正式名はティラ島。紀元前1500年頃の火山噴火により生まれた三日月型の島だ。赤褐色の断崖上を縁どるように、白亜の家並が斜面に連なる。空と海、教会屋根のブルーが白い街に映える、エーゲ海きっての絶景は、北部の街イアで出会える。エーゲ海に沈む夕日と、家並が茜色に染まる夕景も世界一と称される美しさだ。おしゃれなショップやタベルナの並ぶ路地を歩き、刻々と変わる街の情景に浸ろう。

基本データ　人口 約1万3000人　面積 約90km²

海が見える坂の街
サントリーニ島／ギリシャ

1 街のほとんどは、1956年の大噴火後に整備された。青屋根の教会は、紀元前9世紀から1000年続いたビザンチン時代の名残
2 斜面にある街は階段や坂道が多く、入り組んだ狭い路地が続いている
3 イアの突端にある要塞跡の展望台は、人であふれる人気のサンセット・ポイント

エーゲ海ロマンスを紡ぎ出す青と白の世界

現地発のツアー情報
アテネから飛行機やフェリーでツアーが催行されている。首都フィラのサンライズ、サンセットを楽しむならば日帰りよりも2泊3日〜の小旅行がおすすめ。

日本発ツアーの一例
旅の予算 20万円〜　**旅の日程** 7日間

1・2日目 夜、日本を出発。イスタンブールで乗り継ぎ、翌日午後アテネ着。夕方、ギリシャ料理のレストランでディナーを。【アテネ泊】

3日目 パルテノン神殿など古代遺跡を中心にアテネ観光。夕方、飛行機でミコノス島（P.134）へ。【ミコノス島泊】

4日目 午前、ミコノス・タウンを散策。ランチ後、船でサントリーニ島へ。【サントリーニ島泊】

5日目 人気のスポット、古代ティラを訪れ、ロバタクシーに乗って島内を巡り、斜面に建ち並ぶ白い家々とエーゲ島に沈む夕日を眺める。【サントリーニ島泊】

6・7日目 午前、飛行機でアテネへ。夕方の便でアテネを発ち、イスタンブールで乗り継いで7日目の夕方に日本帰国。

お泊まり情報 中心部のフィラや東のビーチよりもイアのほうがホテルは割高。プール付のラグジュアリーなホテルが集まる。

19 イビサ島 イビサ・タウン　スペイン
Ibiza Ibiza Town

海が見える坂の街

イビサ島 イビサ・タウン／スペイン

イビサ・タウンの外観。丘の上に建つ展望台から地中海の壮大な景色が一望できる

クラブカルチャーと旧市街が隣り合う島

基本データ 人口 約13万人　面積 約572km²

中世の面影を色濃く残す城塞都市は
心地よい風と太陽が輝くビーチリゾート

　バレアス諸島に位置するイビサはクラブカルチャーの印象が強いが、これは島のひとつの側面に過ぎない。紀元前5世紀頃にフェニキア人の支配に始まり、カルタゴ人、ローマ人、アラブ人、カタロニア人など次々と支配者が変わるなかで、島独自の文化を形成してきた。豊かな自然と中世・近世の歴史的な街並が、1999年に複合遺産として登録されている。

　旧市街のイビサ・タウンは漁師町のペニャ地区、みやげ物店が並ぶマリーナ地区、イビサで最も古く小高い丘に建てられたダルト・ヴィラ地区の3つに分けられる。なかでもダルト・ヴィラは16世紀にフランスやトルコ軍の侵入に備えフェリペ2世が建造した城壁が残り、中世の教会や街並も保存されている。

現地発のツアー情報
バルセロナやマドリードから1泊2日のツアーが催行されている。バルセロナや近隣国から、美しい海で知られるマヨルカ島とセットでまわる4日程度のツアーもある。

感動!! 街歩き体験談　Visitor's Voice
歴史とナイトライフを楽しめる世界遺産
夏場のナイトライフは想像を絶します！世界中から有名DJが集結し、泡パーティなどクラブごとのイベントも多数。ヒッピー発祥の地だけあり、ヒッピーテイストのカラフルな雑貨やウエアなどが揃うヒッピーマーケットにもぜひ！一方、夏以外は、世界遺産に登録されている旧市街で、ゆっくり静かな休日を過ごせる、まさに贅沢な島です。
スペイン政府観光局

ダルト・ヴィラ地区のような要塞都市で保存状態が良い街はヨーロッパでは稀少

歴史的遺産の研究・保存
考古学博物館
Museu Arqueològic

イビサと隣島・フォルメンテーラで発見された遺品を展示。先史時代、フェニキア人統治時代など3000年以上を6つのテーマで構成。

●イベントをチェック Event Calendar●

5月　中世祭り
5月上旬に開催。朝から真夜中までフォークダンスや音楽のライブが見られる。ローカルな食材やみやげ物屋台が並び、中世の衣装をまとった売り子さんが情緒を醸し出している。

街歩きのお楽しみ

観▶ディスコバス　Disco Bus
夏のシーズン中はクラブ間を行き来するバスが走る。4路線あり、30分～1時間程度の間隔で深夜から早朝まで運行。

買▶イビサの塩　Sal de IBIZA
紀元前にカルタゴ人によって開発された塩田の塩はミネラル豊富でなめらかな味。塩にスパイスを加えたSAL de IBIZAの商品が有名。

バルセロナやバレンシア、マヨルカ島からの船が発着

フェリー乗場

マリーナ地区 La Marina

ラ・マリーナ La Marina

Carrer Andenes
Carrer Cipriano Garijo

ペニャ地区 Sa Penya

市場 Mercado

Carrer de Manuel Sora

現代美術館 eu d'Art Contemporani

タウレス門 Portal de ses Taules

1592年から100年以上かけて完成させたバロック様式の教会。内観は必見

カン・ボティーノ Can Botino

サンタ・ユルシア・バスティオン Santa Llúcia Bastion

海賊からの進入を避けるため7つの砦が築かれた

サント・ドミンゴ教会 Iglesia de Santo Domingo

ミラドール・デ・ダルト・ヴィラ Hotel Mirador de Dalto Vila

考古学博物館

サント・テクラ・バスティオン Sant Tecla Bastion

カテドラル

今の砲台が残る。隣島、フォルメンテーラが見渡せる

サンタ・ベルナット・バスティオン Santa Bernat Bastion

0 100m

狭く曲がりくねった通り沿いにはカフェやレストランが並ぶ

城壁を上る途中にあるイビサ港に面したペニャ地区

地中海を見渡す丘の上に建つ

カテドラル
The Catedral

14～17世紀に建造された。時の征服者によりさまざまな宗教施設となった場所。カテドラル前の広場からの眺めが素晴らしい。

ダルト・ヴィラ地区へ入るメインゲート。ゲートの上にはフェリペ2世の紋章が彫られている

COLUMN

セレブをとりこにするクラブ

1960年代はヒッピーの聖地、1980年代は世界を牽引するクラブシーンの中心として名を轟かせ、今も多くのクラブラバーをひきつけてやまない。なかでも旧市街の西側、サン・アントニオの海沿いにあるカフェ・デル・マールは世界で最も名の知れたバーのひとつ。チルアウトミュージックや美しい夕日が有名で、サンセットタイムの21時前後は多くの人でごった返す。ほかにも泡パーティや水パーティを開催する個性的なクラブが揃い、朝まで盛り上がりをみせる。クラブのほとんどが6月中旬から9月中の営業。

日本発ツアーの一例

旅の予算	旅の日程
30万円～	8日間

1日目 午後に日本を出発し、パリで飛行機を乗り継ぎ夜、バルセロナに到着。【バルセロナ泊】

2日目 サクラダ・ファミリアなどガウディの名建築を見学。【バルセロナ泊】

3日目 午前はバルセロナ市内の観光を。夜、飛行機でイビサ島へ。【イビサ島泊】

4～5日目 旧市街を観光したり、ビーチで過ごしたり、思い思いの過ごし方を。シーフード料理も外せない。時間があればフェリーで1時間の隣島、フォルメンテーラへ。透き通る海が美しい。【イビサ島泊】

6日目 夜に空港へ向かい、空路でバルセロナへ。【バルセロナ泊】

7日目 旧市街散策やピカソ、ミロの美術館を鑑賞。【バルセロナ泊】

8日目 朝の便でバルセロナを発つ。パリで飛行機を乗り換え日本に帰国。

海が見える坂の街　イビサ島　イビサ・タウン／スペイン

お泊まり情報　シーズン中は予約必須。北部のアトサロをはじめ、アグロツーリズム（農家ステイ）を体現した高級ホテルが話題を集める。

20 リスボン アルファマ
Lisboa Alfama ポルトガル

ガタゴトと音を立てて坂道を上る路面電車。狭い道では人が壁に張り付いてトラムを避ける姿も

海が見える坂の街

リスボン アルファマ／ポルトガル

旧市街の斜面に迷路のような道が広がる

基本データ 人口 約55万人　面積 約85km²

急勾配の坂道と石畳で構成された西ヨーロッパ有数の歴史ある都市

　イベリア半島の西、テージョ川のほとりに広がるポルトガルの首都リスボン。起伏に富んだ丘陵地帯にあることから、「七つの丘の都」とも呼ばれている。最も古い街並を残す旧市街のアルファマは、テージョ川河口とサン・ジョルジェ城の間の丘に広がる。

　街の歴史は古代までさかのぼり、海上交易に従事したフェニキア人が港として利用したことから始まる。ムーア人に支配された中世以降、アルファマは市の中心地として発展。1755年に起きたリスボン大震災の被害を免れたことから、迷路のような路地や赤壁の家並が今もなお残されている。街に溶け込むように走る路面電車や、ケーブルカーなどを乗り継ぎ、高台から市内を一望してみたい。

現地発のツアー情報

アルファマ地区の街歩きと併せて、世界遺産のジェロニモス修道院に立ち寄るツアーなど、リスボン市内を巡る観光ツアーは種類も多い。半日か1日のものが主流。

感動!! 街歩き体験談　Visitor's Voice

サウジサウダーデ、なぜか懐かしい街

旧市街を歩くと悠久の時間を感じます。路面電車での移動が楽しい。さらにアルファマ地区を散策するだけでもリスボンの街を満喫できます。サン・ジョルジェ城からの眺めは絶景で、テージョ川に大航海時代を空想します。反対側の丘バイロアルトの展望台からの眺めもおすすめ。民族歌謡「ファド」も旅の思い出にぜひ聴いてみてください。

株式会社 旅コンシェル●金子 礼子さん

大航海時代を彷彿とさせるアルファマの街並

城跡から街並が一望できる
サン・ジョルジェ城
Castelo de São Jorge

丘の上に建ち、現在は公園となっている。絶景が眺望できるため観光の主要スポットとして有名。

街の中央部にある教会
サント・アントニオ教会
Igreja de Santo António

カテドラル駅の目の前にあり、リスボンの守護聖人サント・アントニオの生誕地に建てられた。地震で倒壊したが、1767年に再建。

リスボン市内で最も古い大聖堂
カテドラル
Sé de Lisboa

1147年に建設が始まった、別称リスボン大聖堂。幾度もの地震による再築を経て、現在の姿になった。

イベントをチェック　Event Calendar

6月　聖アントニオ祭

リスボンの守護聖人、聖アントニオを讃える祭り。毎年6月の12・13日に行なわれるこの祭りは、別名「イワシ祭り」とも呼ばれ、脂ののったイワシを食べるのが習わしとなっている。

街歩きのお楽しみ

観▶**市電28番** Eléctrico 28

市民の足として欠かせない路面電車。なかでも市電28番は、旧市街のコメルシオ広場からサン・ジョルジェ城やアルファマ地区など、主要スポットを巡る便利な路線だ。

路面電車は人々の足を支える存在

毎週火曜と土曜に開かれる泥棒市。骨董品などが並ぶ

泥棒市
Feira da Ladra ★

サン・ヴィセンテ・デ・フォーラ教会

サンタ・エングラシア教会 ★

R.São Tomé / サン・トメー通り

軍事博物館
Museu Militar ★

17世紀の邸宅を利用。絵画や美しい調度品を展示している

ポスタス・ド・ソル広場

装飾芸術博物館
Museu de Artes Decorativas

サンタ・ルジア展望台
Miradouro de Santa Luzia

大航海時代の武器を展示する、別名「鉄砲博物館」

ジャルディン・ド・タバコ通り
Rua do Jardim do Tabaco

アルファマ
Alfama

テイレイロ・ド・トリーゴ通り
Rua do Terreiro do Trigo

ファド博物館
Museu do Fado

ファドに関する写真や資料を展示公開している

メンモ・アルファマ・ホテル
Memmo Alfama Hotel

Av.Infante Dom Henrique

テージョ川
Rio Tejo

N 0 100m

COLUMN

ポルトガル生まれの民族歌謡「ファド」

首都リスボンと中北部の都市コインブラではぐくまれた大衆音楽。一般的に、女性の歌手がポルトガルギターとビオラの伴奏に合わせて陽気に歌う。アルファマ地区のレストランや居酒屋などで気軽に鑑賞できる。21時以降に演奏が始まることが多い。

狭い路地を埋め尽くす石畳。両側の家からは生活感のある風景も垣間見える

20世紀に完成したバロック様式の教会
サンタ・エングラシア教会
Igreja de Santa Engrácia

17世紀に建設が始まり、未完成のまま300年以上放置された教会。歴代の大統領が埋葬されている。展望台からは街並が一望できる。

2つの鐘楼が特徴的な白亜の建物
サン・ヴィセンテ・デ・フォーラ教会
Igreja ou Mosteiro de São Vicente de Fora

17世紀に創建されたルネサンス様式の教会。城壁の外側（デ・フォーラ）に建てられたことから、この名がついた。

日本発ツアーの一例 ✈	
旅の予算	旅の日程
20万円〜	**8日間**

1日目	昼過ぎに日本を発ち、パリで乗り継ぎポルト着。【ポルト泊】
2日目	ポルトを起点にギマラインスやブラガなど歴史地区を観光。【ポルト泊】
3日目	ポルトを出発しコインブラやトマール、ナザレを巡る。【ナザレ泊】
4日目	ナザレを起点にアルコバサやバターリャへ足を延ばす。【ナザレ泊】
5日目	ナザレを発ちオビドス(P.146)へ。城壁に囲まれた白い街を観光し、**リスボン**へ向かう。【リスボン泊】
6日目	ジェロニモス修道院やベレンの塔などに立ち寄ったあと、**アルファマ**へ。**カテドラル、サンタ・エングラシア教会**などに立ち寄りながら迷路のような路地を散策。【リスボン泊】
7-8日目	昼前の便でリスボンを発ち、パリで乗り継ぎ。機中泊で8日に日本着。

海が見える坂の街

リスボン アルファマ／ポルトガル

🛏 **お泊まり情報** アルファマ地区にある19世紀の建物を利用したメンモ・アルファマ・ホテルが人気。

21 カルカソンヌ フランス
Carcassonne

ヨーロッパ最大級の城塞が残る。いくつもある三角屋根の塔は、敵を見張るために使われていた

城塞の街

カルカソンヌ／フランス

二重の城壁が囲む巨大な城塞都市を訪ねる

基本データ　人口 約4万4000人　面積 約65㎢

城壁の中は古い建造物が並び、ホテルやレストラン、カフェなども多い

女領主カルカスの伝説がある城塞はフランス有数の人気を誇る観光地

　カルカソンヌの歴史は古く、古代ローマ時代にまでさかのぼり、約2500年の歴史を持つ。街はオード川右岸の丘陵上にある、2重の城壁に囲まれた旧市街のシテと、川を挟んで反対側に広がる下町とからなる。13世紀に破壊されたが、ルイ9世らによって復旧された。しかし17世紀になると軍事上の意味を失い、再び荒廃の一途をたどる。19世紀になると作家のメリメがその歴史的意義を訴え、復元がなされて今日にいたっている。「カルカソンヌを見ずして死ぬな」はそのメリメが言ったとされる。それほど美しいこの街は、1997年に「歴史的城塞都市カルカソンヌ」として世界遺産に登録された。訪れる際は1泊して、ライトアップされた城塞の姿も楽しみたい。

内部には石彫美術館も
コンタル城 Château Comtal
全長約3kmの城壁に囲まれたシテ(旧市街)にある、12世紀に建造された城。

かつては跳ね橋だった
オード門 Porte d'Aude
シテへの入口のひとつで、オード川沿いに建つ。反対側にはナルボンヌ門がある。

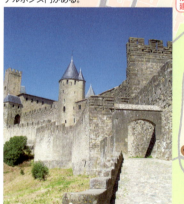

オード門
西側のメインゲート
旧司教邸跡に建つ高級ホテル
オテル・ド・ラ・シテ
Hôtel de la Cite
大劇場
●Théâtre de la C
●Tour du Grand Brulas

0　　50m

現地発のツアー情報
おもにマルセイユ、ボルドー、トゥールーズ発の日帰りツアーがある。移動は各都市から鉄道を利用。途中、モンセギュール城など周辺の名所を巡るツアーもある。

感動!!街歩き体験談　Visitor's Voice
夜景観賞は外せない!
全長3km、52の塔を持つヨーロッパ最大の城塞都市の全景を眺めるため、オード川に架かるポン・ヴュー(旧橋)へ。夜には幻想的なイルミネーションに浮かび上がる光景を見ることができました。加えておすすめなのが満月に近い時期! 月明かりに照らされる城壁は、よりいっそう神秘的な雰囲気を醸し出します。
ユーラシア旅行社●富永 和弥さん

街歩きのお楽しみ
食▶**カスレ** Cassoulet
カルカソンヌなどで有名な伝統的郷土料理。白いんげんを豚肉やガチョウなどの鶏肉と香味野菜を加えて一緒にオーブンで、表面に焦げ色がつくまで焼いたもの。

オード門と並ぶシテへの主要門
ナルボンヌ門
Porte de Narbonne

外敵からの攻撃を防ぐためにかつては跳ね橋だった門で、現在は閉ざされることなく、城壁内へのメインな門のひとつになっている。

シテ南側に建つ大聖堂
サン・ナゼール聖堂
Basilique Saint-Nazaire

城壁内に建つ、ロマネスク様式の身廊とゴシック様式の内陣を持つ教会で、内部で見られるステンドグラスが美しい。

かつて二重の城壁の間は衛兵たちが歩き回る通路だったという

城塞の街
カルカソンヌ／フランス

日本発ツアーの一例

旅の予算	旅の日程
20万円～	8日間

1日目 日本を発ちパリで乗り継ぎ、トゥールーズ(P.248)へ。【トゥールーズ泊】

2日目 コルド・シュル・シエル、コンク(P.236)などを専用車で移動しながら観光。【アルビ泊】

3日目 午前中はアルビを観光し、午後は鉄道でカルカソンヌに向かう。【カルカソンヌ泊】

4日目 終日カルカソンヌを観光。サン・ナゼール聖堂やコンタル城を見学。夜、城塞のライトアップを楽しむ。【カルカソンヌ泊】

5日目 午前中にルルドに移動。午後は街を観光する。【ルルド泊】

6日目 午前中、ルルドからトゥールーズに戻りゆっくり観光。【トゥールーズ泊】

7〜8日目 午前、トゥールーズを発ち、パリで飛行機を乗り継ぎ日本へ向かう。機中泊をして、8日目の午前中に日本に帰国。

お泊まり情報 シテ内のホテルは人気が高いので早めの予約を。シテ外にもホテルは多い。

22 アビラ スペイン
Ávila

城塞の街　アビラ／スペイン

岩山の頂上に建つ城壁に囲まれた街で育った聖女テレサは、16世紀にここで修道院改革を進めた

城壁と聖女テレサによる修道院改革で知られる街

| 基本データ | 人口 約5万8900人 | 面積 約230km² |

88の塔を持つ城壁内の旧市街と
城壁の外に建つ多くの教会建築群

　11世紀に建造された城壁に囲まれたアビラは、16世紀には聖女テレサによる修道院改革の中心地だったことでも知られる。堅牢な城壁は全長2752m、厚さは約3m、平均の高さは12mに及び、88の塔と9ヵ所の門を持ち、今も当時のままの姿をよく残している。1515年にアビラに生まれた聖女テレサは19歳のときにカルメル会修道院に入るものの、当時の修道院は規律などが緩く、失望したテレサは「跣足カルメル会」を創立して修道院改革を推進した。城壁の外にはエンカルナシオン修道院をはじめとする聖女テレサゆかりの修道院や、多くの教会建造物が建つ。城塞の街の全貌を望むには、アダハ川の西にある展望台、クアトロ・ポステスに足を延ばしたい。

現地発のツアー情報
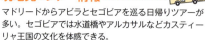
マドリードからアビラとセゴビアを巡る日帰りツアーが多い。セゴビアでは水道橋やアルカサルなどカスティーリャ王国の文化を体感できる。

感動!! 街歩き体験談 Visitor's Voice
旧市街を囲む城壁は必見!
全長約2.7kmの中世の城壁が完全な状態で残っているのは圧巻。街外れのクアトロ・ポステスから一望するのがおすすめ。中世の映画の舞台として使われるというのも納得の美しさです。こぢんまりした旧市街は、のんびり自由に散策したい方にピッタリ。実際に城壁に上って歩くこともできるのでさらに見晴らしが良くなります。
スペイン政府観光局

メルカード・チコ広場では週末になるとマーケットやイベントなどが行なわれる

城壁沿いの16世紀の宮殿を利用したパラドール

修道院改革を実行した聖女
サンタ・テレサ修道院
Convento de Santa Teresa
アビラで生まれた聖女テレサを祀る修道院はテレサの生家跡に建てられた。付属する博物館では彼女が使用した遺品なども見られる。

街歩きのお楽しみ
食 ▶ **イエマス・デ・サンタ・テレサ** Yemas de Santa Teresa

聖女テレサにちなんだ名を持つアビラの名物菓子。卵黄と砂糖などで作られた球状のスイーツで、もちもちとした食感があり、甘く素朴な味わい。

聖テレサが過ごした修道院
エンカルナシオン修道院
Convento de la Encarnación

修道院改革を進め、"跣足カルメル会"を創立した聖女テレサは、ここで修道女として27年間を過ごした。

重厚なアルカサル門は旧市街の代表的な入口のひとつ

テレサの最初の修道院
サン・ホセ修道院
San José Convent

教皇の改革修道院の創立許可を得て、1562年に城壁の外に聖テレサが最初に建てた修道院。博物館が併設されている。

城の一部のような大聖堂
カテドラル
Catedral

12世紀後半から建造が始まったとされるロマネスク・ゴシック様式の教会で、城壁に後陣が重なるように建てられ、まるで城のよう。内部ではキリストの生涯が描かれた祭壇画や美しいバラ窓などが必見。

城塞の街
アビラ／スペイン

日本発ツアーの一例

旅の予算	旅の日程
17万円～	8日間

1〜2日目 夜、日本を発つ。機中泊をして2日目の午後、パリでマドリードに乗り継ぎ鉄道またはバスでサンティアゴ・デ・コンポステーラに到着。[サンティアゴ・デ・コンポステーラ泊]

3〜4日目 日中、サンティアゴの墓を巡礼する。夜、列車に乗り**アビラ**に向かう。車中泊で4日目の朝、**アビラ**到着。**サンタ・テレサ修道院**や**サン・ホセ修道院**へ。終日城塞の街を巡る。[アビラ泊]

5日目 午前中、列車に乗りサン・セバスチャンへ。ビスケー湾の真珠と呼ばれる街を観光する。[サン・セバスチャン泊]

6日目 昼頃、バスでビルバオへ向かい、現代アートを鑑賞。[ビルバオ泊]

7〜8日目 昼頃、ビルバオから飛行機でパリへ。パリで飛行機を乗り継ぎ日本へ向かう。機中泊で8日目の夜に日本に帰国。

お泊まり情報 城壁の中にパラドールはじめ、20軒ほどのホテルがある。アビラ駅周辺にもホテルは点在。

23 トレド スペイン
Toledo

旧市街のタホ川対岸は崖が切り立つ。難攻不落だった天然の要塞は、今では絶好のビューポイントだ

城塞の街

トレド／スペイン

スペイン有数の絶景旧市街に、3つの文化が混じり合う

基本データ 人口 約8万4000人　面積 約231km²

自然の要塞、タホ川に守られながら独自の豊かな文化がはぐくまれた街

　旧市街を包むようにタホ川が流れ、川に面していない北辺には13～16世紀に堅牢な城壁が築かれた。560年には西ゴート王国の首都が置かれ、さらに711年、イスラムのウマイヤ朝に支配される。約300年後、次にトレドを征服したのはカスティーリャ王国だった。イスラム軍との戦いにも勝利。以後、1561年、マドリードに首都が移されるまでトレドに王宮が置かれた。その間、街は文化的発展をみる。ひとつは、イスラム、ユダヤなど異文化の混合によるトレド独自の建築様式の発達や共同翻訳作業、それにトレドを定住の地としたギリシャ人画家、エル・グレコの存在だ。王宮が移り、街は少しずつ衰退するが、無数の文化遺産が生まれた。

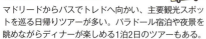

現地発のツアー情報
マドリードからバスでトレドへ向かい、主要観光スポットを巡る日帰りツアーが多い。パラドール宿泊や夜景を眺めながらディナーが楽しめる1泊2日のツアーもある。

感動!! 街歩き体験談　Visitor's Voice
スペインの古都で中世にタイムスリップ
展望台から眺める旧市街の全景は、ため息が出るほどの絶景。ここでの写真撮影は必須です。展望台の近く、より高台にある国営ホテル「パラドール」のカフェ&レストランに足を延ばすと、絶景を堪能しながら優雅なカフェや食事を楽しめます。迷路のような旧市街の散策は中世にタイムスリップした感覚に陥ります。
スペイン政府観光局

旧市街の路地はほとんどが石畳。幅2～3mほどの狭い路地が不規則にめぐらされている

エル・グレコの名作が必見
サント・トメ教会
Iglesia de Santo Tomé
エル・グレコの最高傑作のひとつ、『オルガス伯爵の埋葬』を所蔵。伯爵自身もこの教会に埋葬。

タホ川が旧市街の丘を囲むように流れる。丘の最高部にはアルカサルが威容を誇る

トレドに生きた画家
エル・グレコの家
Casa Museo de El Greco
エル・グレコ美術館に併設。グレコが暮らしたとされる家に書斎やアトリエ、台所などを復元している。

街歩きのお楽しみ

食▶**マサパン** Mazapán
名物のお菓子。アーモンドの粉に砂糖やはちみつを練り込んで焼いたもの。専門店サント・トメは1856年創業の老舗。おみやげにも手ごろ。

食▶**ペルディス** Perdiz
ペルディス(ヤマウズラ)は、いろいろな調理法のなかでもシチューが美味。オーブンで焼いたヤマウズラを玉ねぎと赤ワインで煮込む。

小高い丘にそびえる巨大な建物
アルカサル
Alcázar
古代ローマの要塞があった場所。現在の建物は16世紀、カルロス5世が居城として改築。スペイン・ルネサンス様式が随所に見られる。

エル・グレコの絵が充実
サンタ・クルス美術館
Museo de Santa Cruz
16世紀の病院を利用。考古学の部屋、トレドの画家の作品を集めた美術の部屋、生活文化を紹介する部屋に分かれる。

国内でも一、二を競う
カテドラル
Catedral
もとは西ゴートの大聖堂やイスラムのモスクが建っていた聖なる場所に建ち、1493年に完成するまでに270年余の歳月がかかった。ゴシック様式が多用されている。

● COLUMN
物議を醸したエル・グレコ
1579年、エル・グレコは依頼された大聖堂の祭壇画の『聖衣剥奪』を納品。ところが大聖堂側は「キリストより民衆のほうが上にいる」「左下にいる3人の女性は聖書に書かれていない」などとクレームをつけ報酬を大幅に減らそうとする。グレコは異を唱えようとしたが、異端審問を恐れ、3分の1の額で妥協した。

日本発ツアーの一例 ✈
旅の予算	旅の日程
20万円〜	9日間

1日目	日本を発ち、パリで飛行機を乗り継ぎマドリードへ。【マドリード泊】
2〜3日目	2日目と3日目はマドリードを観光する。プラド美術館やマヨール広場などを楽しむ。【マドリード連泊】
4日目	マドリードから鉄道でトレドへ向かう。**カテドラル**や**サンタ・クルス美術館**をまわり、古都の文化を堪能する。【トレド泊】
5日目	午後、鉄道に乗りバルセロナに向かう。【バルセロナ泊】
6〜7日目	6・7日目はバルセロナ観光。サグラダ・ファミリアなどを鑑賞する。【バルセロナ泊】
8〜9日目	バルセロナを発ち、パリで飛行機を乗り継ぎ日本へ向かう。機中泊をして、9日目に日本に帰国。

城塞の街 トレド／スペイン

お泊まり情報 パラドールからエコノミーホテルまで、さまざまなタイプの宿が揃う。週末は満室になることも多いので早めに予約したい。

24 ドゥブロヴニク クロアチア
Dubrovnik

城塞の街

ドゥブロヴニク／クロアチア

アドリア海に赤屋根が映える街に繁栄と破壊が交錯

基本データ 人口 約4万3000人 面積 約143km²

度重なる被災にも負けずに
自由を求めて立ち上がってきた街

　アドリア海を独占するようにイタリアの東にクロアチアが横たわる。その南端にあるのがドゥブロヴニク。ラグーサと呼ばれていたこの街が共和国として自治権を獲得したのが1272年。法が作られ、とくに公衆衛生への着手が際立つ。ハンガリーから独立したのは1358年。以後、自由国として1808年まで存続した。地中海貿易で街が繁栄の頂点に達したのは15、16世紀。だが1667年の大地震で被災、地中海貿易の衰退も重なった。第二次世界大戦後、街は観光都市として復活、1979年には世界遺産に登録された。1991年、ユーゴスラビア軍の砲撃を受け、一時は危機遺産にもなったが、今では元の姿に忠実に復旧、中世の街並と自由な空気が蘇っている。

現地発のツアー情報
おもにドゥブロヴニク市内の観光ツアーと、隣国のモンテネグロやボスニア・ヘルツェゴビナへの日帰りツアーなどに分かれる。エラフィテ諸島へのツアーもあり。

感動!! 街歩き体験談　Visitor's Voice
城壁の外に足を延ばせば感動も倍増
旧市街を満喫したあとは、ぜひ城壁の上や外からドゥブロヴニクを眺めてください。街を囲み、ところどころに見張塔や要塞がある城壁遊歩道のウォーキングと、ロープウェイで上る標高412mのスルジ山の山頂がおすすめです。トレードマークのオレンジ色の素焼き屋根とアドリア海の紺碧との対比に、時が経つのを忘れ見入ってしまいました。

　　　　　　　　　　　　　ユーラシア旅行社 ●尾崎 純さん

城壁の北西部分にある城門、ピレ門から東へ延びるプラツァ通り

ピレ門　Gradska Vrata Pile

旧市街へのメインゲート

フランシスコ会修道院

ミチェスタ要塞　Tvrdava minceta

プラツァ通りが突きあたるところがルジャ広場。東側には31mの鐘楼がそびえる

ボカール要塞　Tvrdava Bokar

民俗学博物館　Etnografski muzej

1317年創設の薬局
フランシスコ会修道院
Franjevački Samostan

現在の建物は14～15世紀の建造。教会の入口に1498年作のピエタ像が、中庭に1360年建造のルネサンス様式の美しい回廊がある。

アドリア海

街歩きのお楽しみ
観 ▶ **クルーズ** Cruise

大型クルーズの寄港も多いドゥブロヴニクでは旧市街の旧港から出航するミニクルーズも人気。なかでもグラスボートでロクルム島一周のコースは1時間ほどと手ごろ。

数少ないルネサンスの遺産
スポンザ宮殿
Palača Sponza

アーチ形の柱が並ぶファサードが美しい。16世紀の建物で貿易の場や造幣局が置かれた。中庭には天秤が吊るされており、公正な交易をうたった文が記されている。

中庭を囲む回廊が見事
ドミニコ会修道院
Dominikanski Samostan

1228年の建設開始から約300年の歳月がかかった。建物はさまざまな建築様式が混在する。バルトロメオの設計した中庭の回廊が優美だ。

ライトアップも美しい
総督邸
Rector's Palace

火薬爆発や大地震により幾度となく再建を繰り返し、建築様式もさまざまに変遷。総督の執務室のほか、行政、司法機関や牢獄などが置かれた。

最初の教会は7世紀にさかのぼる
聖母被昇天大聖堂
Katedrala Uznesenja Marijna

現在の建物は1713年建造。ドーム形の屋根が特徴で、主祭壇をティツィアーノの聖母被昇天画が飾る。宝物殿も必見。

城塞の街
ドゥブロヴニク／クロアチア

日本発ツアーの一例

旅の予算	旅の日程
19万円〜	10日間

1・2日目 日本からイスタンブールで乗り継ぎ、ザグレブへ。機中泊をして、2日目午前中に到着。午後は市内観光。[ザグレブ泊]

3日目 一日かけてプリトヴィツェ国立公園を観光する。[プリトヴィツェ国立公園泊]

4日目 プリトヴィツェ国立公園からシベニク、トロギル、スプリットとバスで南下する。[スプリット泊]

5・6日目 スプリットからバスで**ドゥブロヴニク**へ。1泊して、6日目は**フランシスコ会修道院や聖母被昇天大聖堂**を巡る。[ドゥブロヴニク連泊]

7日目 ボスニア・ヘルツェゴビナの古都モスタールへ。[モスタール泊]

8日目 首都サラエボへバスで移動。[サラエボ泊]

9・10日目 サラエボから飛行機でイスタンブールを経由し日本へ。機中泊をして、10日目に帰国。

お泊まり情報 城壁内には観光に便利なホテルが揃っている。欧州のバカンスシーズンは最も混雑するので早めの予約を。

25 ヴァレッタ マルタ
Valletta

海に突き出す半島に生まれた街。沿岸を城壁が囲む。海から街を眺める地中海クルーズが人気だ

城塞の街
ヴァレッタ／マルタ

紺碧に映えるマルタ・カラーの整然たる街並

家々のバルコニーが張り出す昔ながらの風景。直線道路の奥に海がのぞく

騎士団によって築かれた要塞都市
首都がまるごと旧市街を形成

　地中海中央に浮かぶリゾート地マルタ島。中世には、イスラム勢力からヨーロッパを守る防波堤の役割を島が担った。十字軍を支援する聖ヨハネ騎士団が、本拠地を置いたのは1530年。1565年にオスマン帝国の猛攻から島を死守すると、騎士団長のジャン・ド・ヴァレットは、島の半島に強固な守りの要塞都市を築く。のちにマルタの首都となるヴァレッタだ。市街の道路は、騎士団が沿岸に駆けつけやすいよう、碁盤目状に整備。直線道路の両側に、聖ヨハネ大聖堂や劇場、施療院が建設され、「ルネサンスの理想都市」と呼ばれる安全で魅力的な街が造られた。はちみつ色をした石灰岩の家並と紺碧の海との調和が美しい。街全体が世界遺産に登録されている。

現地発のツアー情報

おもに、マルタ島内を巡るツアーとフェリーで30分のゴゾ島を巡るツアーなどがある。ゴゾ島では、チタデルやゴゾ大聖堂などマルタの文化を体感できる。

アッパー・バラッカ・ガーデンは港や対岸の街を望む絶景スポット

紀元前の歴史を紹介
国立考古学博物館
National Museum of Archaeology

16世紀の聖ヨハネ騎士団の宿舎を利用。先史時代の巨石神殿の発掘品を展示する。目玉はマルタのヴィーナスと呼ばれる眠れる美女像。

感動!! 街歩き体験談 Visitor's Voice
イタリア人騎士たちに愛されてきた庭園

アッパー・バラッカ・ガーデンは、対岸のスリーシティーズを眺めながらひと息つくのに絶好の場所です。昼間はのんびりとリラックスする人々で賑わい、夜はひっそりと静まり返った園内がひかえめにライトアップされ、素敵な雰囲気になります。また対岸のスリーシティーズの夜景もお楽しみいただけます。

マルタ観光局●荘司 未希さん

街歩きのお楽しみ
観 ▶ イン・ガーディア&アラーム In Guardia & Alarme

聖ヨハネ騎士団の時代を追体験できる観光イベント。騎士団に扮した人々が往時の様子を再現し、パレードを行なう。エルモ砦で月に数回、日曜日に開催される。

※アラームは2015年は開催予定なし。

地中海ブルーが広がる
聖エルモ砦
Fort St. Elmo
半島の先端に、オスマン軍の攻撃に備えて1552年に建造。聖エルモの礼拝堂跡に造られた。見張り台から地中海を一望できる。

騎士時代の甲冑が並ぶ
騎士団長の宮殿
Grand Masters Palace
騎士団長がここで指揮を執った。現在は大統領府と議会が入り、一部を見学できる。

今も現役の華麗な劇場
マヌエル劇場
The Manoel Theatre
1731年建造の欧州で3番目に古い劇場。当時の騎士団長が騎士たちのために建てた。内装が豪華。

多くの騎士団が眠る
聖ヨハネ大聖堂
St John's Co-Cathedral
1578年の建造。聖ヨハネは騎士団の守護聖人。床は約400におよぶ騎士団の墓で埋め尽くされている。カラヴァッジオ作品が並ぶ美術館を併設。内部は一転して華麗だ。

COLUMN
街を創ったマルタ騎士団
聖ヨハネ騎士団は、1113年に聖地エルサレムで、巡礼者への慈善活動や警備を目的に創設された。のちの本拠地の名をとってマルタ騎士団とも呼ばれる。騎士団のおもな構成員は、貴族階級出身の子弟たち。宗教騎士団である彼らには、清貧、貞潔などの厳格な戒律が求められた。出身地別に8つのグループで構成され、それぞれ宿舎が設けられた。18世紀末のナポレオン軍侵攻で撤退し、ローマに定住。現在も国際援助団体として活躍している。

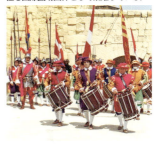

城塞の街　ヴァレッタ／マルタ

日本発ツアーの一例
旅の予算 19万円〜
旅の日程 10日間

1日目	日本から飛行機でローマへ。【ローマ泊】
2-3日目	首都ヴァレッタで聖ヨハネ大聖堂、騎士団長の宮殿、国立考古学博物館などの観光名所を見学。3日目は午前、島南部を観光。午後は世界遺産ハイポジウムを見学。【ヴァレッタ連泊】
4日目	ヴァレッタ発のフェリーでゴゾ島へ。終日観光。【ゴゾ島泊】
5日目	コミノ島へ移動。ブルーラグーンの海を満喫。【コミノ島泊】
6日目	古都イムディーナ、ラバトへ。観光後はヴァレッタへ戻る。【ヴァレッタ泊】
7-8日目	フェリーまたは、飛行機でシチリア島へ。島内をのんびりと過ごす。【シチリア連泊】
9-10日目	午後、シチリア島から飛行機でローマを経由して日本へ。機中泊で10日目午後、帰国。

お泊まり情報 ヴァレッタには2〜5ツ星まであるが数は少ない。繁華街のスリーマやセント・ジュリアンズ地区にホテルが多い。

26 ヨーク イギリス
York

城塞の街

ヨーク／イギリス

城壁を歩くにはバーと呼ばれる城門から城壁の通路へ上る。北西側にあるブーサム・バーは最古の城門

繁栄も衰退も、街を包みこんできた城壁を歩く

| 基本データ | 人口 約19万3300人 | 面積 約271km² |

300年にわたる英国鉄道史
国立鉄道博物館
National Railway Museum

鉄道事業が主要産業であるヨークにふさわしい、世界最大規模の鉄道博物館。蒸気機関車としては世界最速を記録したイギリスのマラードも展示。

ヨークの貴重な発掘品
ヨークシャー博物館
Yorkshire Museum

バイキングの刀では最高とされるケイウッド・スウォードをはじめ、各時代の遺品を展示。

美しく保存された街並に
たどってきた時代の歴史の痕跡を見る

　街が最も繁栄したのは12〜14世紀、堅牢な城壁が再建され、保存状態も良好なまま、現在にいたるまで街を守り続けてきた。城壁は一周5kmほど、歩いて街を俯瞰するのもよい。街のシンボル、ヨーク・ミンスターの威容が各所から望める。街の創設は紀元71年、ローマ人が要塞を築いたときのこと。やがてローマが滅び、7世紀にはアングロサクソン人が支配。キリスト教が伝わった。866年、バイキングが侵攻。以来約100年、街を支配し、街の名もヨルヴィックとなった。ヨークの語源ともいわれる。以後、敗戦や火災による衰退もあったが、12世紀、羊毛産業で最盛期を迎え、イングランド第2の都市に発展した。15世紀以降、衰退と繁栄を繰り返し今日にいたっている。

現地発のツアー情報

ロンドン発でヨークや北ウェールズ地方を巡るツアーなどがある。ヨークのほかには、チェスターやケンブリッジなどを訪れるツアーが多い。

ハリー・ポッターのモデルにもなった路地。建物の上階が道にせり出す

感動!! 街歩き体験談 Visitor's Voice

イギリス最大のゴシック聖堂は圧巻!

街のいたるところで目にする巨大なヨーク・ミンスターは、東壁のステンドグラスも世界最大級。でも、長期にわたる修復中だから見学は無理だろうな…と残念な気持ちで訪れた私の目に飛び込んできたのは、外されたバラ窓の一部。普段遠目にしか見られない600年前の細工が間近に展示されていて、なんとも粋な計らいでした。

ユーラシア旅行社●冨永 和弥さん

街歩きのお楽しみ

観 ゴースト・ツアー Ghost Tour

古い街だけに血生臭い話や幽霊話も多い。マントをはおった案内人のスリリングな話を聞きながら夜の街を歩く。英語がわからなくても雰囲気を楽しむだけでも面白い。

街のほぼ中央を西北から南へ流れるウーズ川。鉄道が発達するまでは重要な水路だった

- ディーンズ・パーク Dean's Parks
- ブーサム・バー
- 宝物堂
- モンク・バー
- ★ヨーク・ミンスター
- 1919年創業。イギリスを代表するティールーム
- ヨーク最古の石畳の通り。上層階が突き出た家々が並ぶ
- R ペティーズ Betty's
- シャンブルズ Shambles
- マーチャント・アドベンチャラーズ・ホール Merchant Adventurer's Hall
- ★ヨーヴィック・ヴァイキング・センター
- S カパーゲート・ショッピングセンター Coppergate Shopping Centre
- ★ヨーク・ダンジョン
- クリフォーズ・タワー Clifford's Tower
- ウォルムゲート・バー
- ★ヨーク・キャッスル博物館
- フィッシャー・ゲート・バー Paragon Str.
- ウーズ橋 Ouse Bridge
- River Ouse
- River Foss
- Jewbury
- Foss Islands Rd.
- Walmgate
- Fishergate
- Bishopgate Str.
- Skeldergate
- 0 200m

1244年に築かれたヨーク・キャッスルの本丸にあたる部分。見晴らしが抜群

人々の暮らしぶりを紹介
ヨーク・キャッスル博物館
York Castle Museum

ヨーク・キャッスルで残るのはクリフォード・タワーのみ。博物館は元監獄を利用。生活史や19世紀の街並などを伝える。

イギリス最大級を誇る聖堂建築物
ヨーク・ミンスター
York Minster

現在の大聖堂は1220年から約250年をかけて建造。その間のゴシック様式の変遷も見られる。数多くの見どころのなかでも1枚のガラスとしては最大面積のステンドグラスが有名。

歴史上の怖い話を再現するお化け屋敷
ヨーク・ダンジョン
York Dungeon

すべて英語だが、拷問、幽閉、魔女裁判など臨場感と怖さがたっぷりの英国風お化け屋敷。

バイキングの暮らしを知る
ヨーヴィック・ヴァイキング・センター
Jorvik Viking Centre

バイキングの居住地があったヨーク。その暮らしぶりを音も匂いも交え、電動自動車に乗って探訪。

城塞の街
ヨーク／イギリス

日本発ツアーの一例

旅の予算	旅の日程
13万円〜	6日間

1日目 午前の便で日本からロンドンへ向かう。【ロンドン泊】

2日目 ロンドンから鉄道でヨークへ向かう。2時間ほどで到着。ヨーク・ミンスターや国立鉄道博物館などを見学。城壁を歩き、夜はゴースト・ツアーに参加する。【ヨーク泊】

3日目 午前中、ヨークシャー博物館などを観光し、午後ロンドンに戻る。【ロンドン泊】

4日目 終日、ロンドンを観光。バッキンガム宮殿などの観光名所を巡る。【ロンドン泊】

5・6日目 ロンドンから飛行機で日本へ向かう。機中泊をして、6日目に日本に帰国。

お泊まり情報 ブーサム・バー近くのゲストハウスやB&Bは観光するのに便利。

27 ルクセンブルク
Luxembourg ルクセンブルク

断崖上に旧市街が広がる。かつて、旧市街を取り囲んでいた城壁は役目を終え、わずかに残るのみだ

城壁で旧市街と新市街を分断する

城塞の街

ルクセンブルク／ルクセンブルク

基本データ 　人口 約10万7000人　面積 約51㎢

グランド通りは若者たちが集まる旧市街のショッピングストリート

小さな要塞から頑強な要塞都市へ
多文化が入り交じった独特の街並

　フランス、ベルギー、ドイツに隣接するルクセンブルク大公国は、小国ながら金融業で成長を遂げた欧州随一の経済大国。国の歴史は963年、アルデンヌ地方の領主ジークフロイト伯が、岩山に城塞を築いたのが起源だ。14〜15世紀には岩山全体が城壁で囲まれ、スペインやオーストリア、フランスなどの支配が続くなかで屈強な城塞都市へと変貌した。鉄道駅のある近代的な新市街から、渓谷をまたぐアドルフ橋を渡れば、かつての城塞都市の旧市街がある。石造りの街に占領国が残した多様な歴史建築が混在する街は、ひと味違う表情を見せる。川の流れる低地グルントの家並ものどかで趣がある。起伏に富んだ街が渓谷に溶け合う情景はじつに魅力的だ。

現地発のツアー情報
ブリュッセル発の日帰りツアーがある。列車で約3時間ほどで到着する。ベルギー南部、ルクセンブルクとの国境付近の街、バストーニュに立ち寄るものもある。

尖塔がそびえる
ノートル・ダム寺院
Cathédrale Notre-Dame

1621年にイエズス会の教会として創建。多様な建築様式が混合する。王家の墓があり、前大公が婚礼を行なった。

感動!! 街歩き体験談　Visitor's Voice
コンパクトで見どころたっぷりの小さな国
歴史のある旧市街、近代的なビル、そしてEUとも関係の深い国際都市。一日で徒歩ですべての見どころがまわれる素敵な小国です。旧市街と新市街は40mの高架橋で行き来でき、橋から眺めるペトリュス渓谷は絶景。おみやげはビレロイ＆ボッホ社の小物入れやお皿、カップなどの陶器、とくに刺繍の図案柄などが喜ばれます。
　　　　　　　　　　　　　GCトラベル●大庭 滋子さん

グラン通り　Grand Rue

ノートル・ダム通り　Rue Notre Dame

憲法広場　Place de la Constitution

アドルフ橋　Pont Adolphe

渓谷の下に広がる新市街（グルトン）やアドルフ橋の眺望が広がる。ペトリュス・エクスプレスの乗場もある

街歩きのお楽しみ
買 ▶ 陶器 Pottery
260年の歴史を持つビレロイ＆ボッホの陶器。本店が旧市街にあり、伝統的な絵柄からモダンなものまで幅広く取り揃えている。

観 ▶ ペトリュス・エクスプレス Petruss Express
旧市街の麓に広がる渓谷を見学するなら、ミニトレインのペトリュス・エクスプレスがおすすめ。憲法広場から約1時間かけて巡る。4〜10月に運行し、英語や仏語のガイド付。

見晴らし抜群
ボックの砲台
Bock Casemates
国の起源となった要塞の跡。18世紀にオーストリアが築いた砲台や地下要塞が残り、展望台と博物館がある。

地図の記号:
- ★ ボックの砲台
- ★ 大公宮
- ★ 歴史博物館
- ★ ノートル・ダム寺院
- S オーバーワイス Oberwise（1964年創業、王室御用達のチョコレート店）
- S ビレロイ&ボッホ Villeroy & Boch
- ● ギヨーム広場 Place Guillaume
- ● 市庁舎
- ルクセンブルク駅

異文化が混じり合う
大公宮
Palais Grand Ducal
大公の執務室がある。もとは市庁舎だった16世紀の建物で、正面にイスラム風の装飾が見られる。夏季のみツアーで内部を見学できる。

歴史や地理を知ろう
歴史博物館
Musée d'Histoire de la Ville de Luxembourg
ルクセンブルクの歴史や今日の発展の様子、複雑な街の地形などを映像や模型を使って紹介。

COLUMN

マルチリンガルな市民
ルクセンブルクの公用語はドイツ語、フランス語、ルクセンブルク語（国語）の3言語。ほとんどの国民が3言語を習得し、日常会話はルクセンブルク語、書き言葉はドイツ語かフランス語というように使い分けている。そのため、街中の看板のほとんどはドイツ語かフランス語だ。移民の多いルクセンブルク市では、国語ではなくフランス語を話す人も多い。

新市街と旧市街を結ぶアドルフ橋は高さ43m。眺めも抜群だ

城塞の街
ルクセンブルク／ルクセンブルク

日本発ツアーの一例
旅の予算 16万円～
旅の日程 6日間

- **1・2日目**: 日本からパリを経由し、鉄道でルクセンブルクに向かい、午後到着。ノートル・ダム寺院などを見学する。【ルクセンブルク泊】
- **3日目**: 午前中、歴史博物館などを訪れる。午後、オランダの首都アムステルダム（P.124）へ鉄道で移動。【アムステルダム泊】
- **4日目**: 終日、アムステルダムを観光。アムステルダム国立美術館などを訪れる。【アムステルダム泊】
- **5・6日目**: アムステルダムから日本に向かう。機中泊をして、8日目に日本に帰国。

お泊まり情報 機能的でモダンなホテルなら新市街、クラシックなホテルに泊まりたいなら旧市街で見つけやすい。

28 ヴェネツィア イタリア
Venezia

運河のある街

ヴェネツィア／イタリア

ラグーナを左右に分断して約4kmにわたって逆S字に流れる大運河は水路の要

移動は徒歩か舟だけ、という不思議な水の街

基本データ 人口 約27万人　面積 約400km²

リアルト橋周辺は海抜が高かったため洪水の被害も少なく、大運河に近いので物資の運搬にも適していた

500年以上前、栄華に包まれた街は世界遺産にも登録されている

　長靴の形をしたイタリアの東側のつけ根、本土の沖から約3km東南に位置するヴェネツィアは118もの小さな島からなる。湿地に造られた街で、アルプスの雪解け水が運んだ土砂が堆積してできた潟に杭をたくさん打ちこみ土台を築いた。ここでの移動手段は徒歩と船。自動車や自転車の乗り入れはできない。イタリア本土とは、鉄道が1842年に、自動車用の橋が1933年に開通した。サン・マルコ寺院に代表される礼拝堂、ドゥカーレ宮殿などに見られる豪華絢爛な建物や装飾、絵画などの粋は697年から約1000年続いたヴェネツィア共和国時代につくられた。イスラム諸国などとの交易により築かれた巨万の富がヴェネツィアに栄華と繁栄をもたらし、今も当時のままに街を彩っている。

仮に架けられて80年余
アカデミア橋
Ponte dell'Accademia

以前は1854年に開通した鉄の橋だったが、1933年、臨時の木製の橋が架けられた。1985年、橋の倒壊を避け、再度木製の新しい橋が架けられた。

ヴェネツィア派の殿堂
アカデミア美術館
Gallerie dell'Accademia

大運河の南側、アカデミア橋のたもとにある。14〜18世紀のヴェネツィア派の三大画家の作品が見られる。

現地発のツアー情報

ローマからのバスツアー、ミラノやフィレンツェから日帰りの鉄道ツアーが催行されている。ドゥカーレ宮殿周辺からヴェネツィアン・グラスの工房を巡る市内ツアーもある。

●イベントをチェック Event Calendar ●

1〜2月　カーニバル

1月末〜2月末の間で約2週間にわたる祭り。ヴェネツィアでは市民や観光客が仮面をつけ豪華な衣装に身を包み、街では舞踏会やコンテストが行なわれる。

感動!! 街歩き体験談　Visitor's Voice

圧巻！世界最大のキャンバス画

運河、街、ラグーナとその風情すべてが感動の連続のヴェネツィア。ヴェネツィア共和国時代の栄華を伝える建物のひとつ、ドゥカーレ宮殿。大議会の間には、幅24mの世界最大のキャンバス画といわれるティントレットの『天国』や、ヴェロネーゼの天井画『ヴェネツィアの勝利』などが圧巻の迫力です。

イタリア政府観光局 ●三浦 真樹子さん

街歩きのお楽しみ

観▶ゴンドラ　Gondola

水の都ヴェネツィアの主要な交通手段のひとつ。陸上交通でいえば、リムジンといったところだが、ほとんどが観光用。大運河はもちろん、細い水路など自由自在だ。

橋からの眺めも堪能
リアルト橋
Ponte di Rialto

最初は木製で12世紀に架橋。崩壊や火災に遭い、コンペの末、1591年、より強靭な大理石造りの橋に代わった。屋根付のアーチ形の橋。

舟底天井が特徴的
サン・ポーロ教会
Chiesa di San Polo

現在のゴシック建物は15世紀のものだが、9世紀にはこの場所にあった。鐘楼は1362年、内部は1804年に増改築。

ヴェネツィア共和国の富と力を伝える
サン・マルコ寺院
Basilica di San Marco

最初の聖堂は828年に聖マルコの遺骸を安置するために建てられた。現在の建物は1063年の着工以来、数百年にわたって増改築された。

豪華絢爛の粋を尽くした邸宅
ドゥカーレ宮殿
Palazzo Ducale

サン・マルコ寺院に隣接する、代々のヴェネツィア共和国総督の屋敷。館内を飾る絵画や彫刻はティントレットなどの名作が揃う。

バロック建築の傑作。優雅な教会
サンタ・マリア・デッラ・サルーテ教会
Basilica di Santa Maria della Salute

大運河南側の潟の先端に建ち、優雅な曲線を見せる。1687年、黒死病の終息に感謝し、聖母マリアに捧げる教会として建てられた。

サン・マルコ寺院前の壮麗な広場。中央には高さ約100mの鐘楼が建つ

日本発ツアーの一例

旅の予算 8万円〜　　**旅の日程** 7日間

1日目	日本から直行便でヴェネツィアへ。【ヴェネツィア泊】
2日目	午前は、サン・マルコ広場周辺のサン・マルコ寺院、ドゥカーレ宮殿などを巡り、ゴンドラ・クルーズを楽しむ。午後はサン・ザッカリーアからヴァポレットに乗りムラーノ島へ。ヴェネツィアン・グラスの工房を訪ね街を散策。【ヴェネツィア泊】
3日目	鉄道でフィレンツェに移動。到着後は、フィレンツェの街を終日散策。【フィレンツェ泊】
4・5日目	4日目午前は鉄道でローマへ移動。午後は、ローマの史跡や街を見学。5日目はオプショナルツアーに参加して日帰りでナポリを観光。【ローマ泊】
6・7日目	6日目午前はフライト時刻までホテル周辺でおみやげ探し。午後、ローマから直行便に乗り、機中泊で日本に帰国。

お泊まり情報 14世紀の貴族の館を改装したホテル、とくに運河沿いに建つホテルなら豪華な気分を満喫できる。

29 ストラスブール フランス
Strasbourg

運河のある街
ストラスブール／フランス

漆喰壁に木骨組みが映える旧市街の伝統住宅。運河にも美しい家並が映し出される

運河に描き出されるアルザスの家並

| 基本データ | 人口 約27万人 | 面積 約78km² |

運河沿いの散策路で木組みの家の街の雰囲気を満喫

ドイツ文化が色濃く薫る運河沿いの通りを散策する

　アルザス地方の中心都市であるこの街が生まれたのは、ローマ軍が駐屯地を置いた紀元前12年頃。パリとプラハを結ぶ街道とライン川が交差する交通の要衝で、中世の時代より街は大いに繁栄した。独仏間で支配が幾度も入れ替わり、2国の個性が融合した独自の文化を生み出した。ライン川の支流、イル川の中州に、川と運河に囲まれた世界遺産の旧市街がある。街を印象づける、純朴な木骨組みのドイツ風建築は16～18世紀の名残だ。通りから顔を上げれば、細密彫刻で知られるノートル・ダム大聖堂の尖塔が目に飛び込んでくる。運河沿いの味わいある地区、ラ・プティット・フランス、華麗なロアン宮など、見どころは旧市街周辺に集まっている。

重厚な塔が目印の橋
クヴェール橋 Ponts Couverts

旧市街の防衛のため、13世紀に街の入口に架けられた。付近に3棟の見張り塔が建っている。

旧市街とは対照的な美術館
現代美術館 Musée d'Art Moderne et Contemporain

イル川岸辺に建つ近代的な建物。1870年から現代までの作品が並ぶ。

遊覧船で巡る絶景ポイントはこのあたり

17世紀の終わりに、敵が侵入した際、水門を開けて洪水を起こした堰

現地発のツアー情報

12月にはパリを出発し、クリスマスマーケットを巡る日帰りツアーがある。ストラスブール発でコルマールやフェルベールに寄りながら、パリへ向かうツアーもある。

感動!! 街歩き体験談 Visitor's Voice

遊覧船でゆったり、うっとり

散歩するのにちょうどよい街ですが、市街地を囲むイル川の遊覧船もおすすめ。旧市街からヨーロッパ宮まで船はゆっくり進みますが、1時間ちょっとで街の魅力をしっかりと見せてくれます。プティット・フランスからクヴェール橋へと抜けるあたりの眺めは思わずうっとり。ほかにも惚れぼれする景色とたくさん出会えます。

フランスエクスプレス●田中 陽子さん

イベントをチェック Event Calendar

12月 クリスマスマーケット

クリスマス一色の旧市街に、オーナメントやお菓子、ホットワインなどの屋台が賑やかに並ぶ。

街歩きのお楽しみ

観▶クルーズ Cruise

ロアン宮近くの船着場を出発し、旧市街やラ・プティット・フランスをクルーズ船に乗って見学。イル川や運河と家並の見せる風情が魅力的。主要な観光スポットも水上から見学できる。

木組み建物が建ち並ぶ散歩道
ラ・プティット・フランス
La Petite France
クヴェール橋近くの運河沿いにある旧職人・漁師街。16〜17世紀の木組みの家が風情たっぷり。

大聖堂の天文時計。12時30分にからくり人形が登場

赤砂岩で造られた街のシンボル
ノートル・ダム大聖堂
Cathédrale Notre-Dame
高さ142mの尖塔を持つゴシック様式の聖堂。屋内外の細密な彫刻が素晴らしい。展望台から旧市街を一望できる。

18世紀の司教の住まい
ロアン宮
Place Rohan
アルザス地方の領主でもあったガストン大司教が建設した司教館。金箔を使った豪華な室内装飾に目を奪われる。

アルザスの生活がわかる
アルザス博物館
Musée Alsacien
古い木造民家を利用して、アルザス地方の伝統衣装や民具、工芸品などを展示。アルザスでの昔ながらの暮らしぶりを伝える。

COLUMN
独仏の狭間で翻弄されたアルザスの歴史

アルザス地方は17世紀にフランスの王政下にあったが、1870年の普仏戦争でドイツ帝国領となる。その後も第一次世界大戦でフランス、第二次大戦中はナチス・ドイツと覇権が入れ替わり、戦後にフランス領に落ち着いた。

日本発ツアーの一例
旅の予算 16万円〜　**旅の日程** 6日間

- **1日目** 午前、日本から直行便でパリへ。【パリ泊】
- **2日目** パリ東駅から鉄道でストラスブールへ。到着後はノートル・ダム大聖堂をはじめ旧市街を巡る。【ストラスブール泊】
- **3日目** 午前、コルマール(P.148)へ鉄道で移動。木組みの家が並ぶ街並を歩き、かわいらしいアルザス雑貨をおみやげに購入。夕方ストラスブールへ戻る。【ストラスブール泊】
- **4日目** おみやげを購入し、アルザス料理を味わう。夕方鉄道に乗りパリへ移動。【パリ泊】
- **5・6日目** 出発前に、おしゃれなカフェに立ち寄る。夕方、パリを発ち6日目に日本へ帰国。

お泊まり情報 旧市街には街並に溶け込む魅力的なホテルが点在。ストラスブール駅近くもホテルが多い。

30 ブルージュ ベルギー
Bruges

運河のある街
ブルージュ／ベルギー

ブルージュとは橋の意味。
豊かな水をたたえる運河に
架かる橋は50にも及ぶ

小さな街にあふれる美しい文化と自然

基本データ 人口 約11万8000人　面積 約138.4km²

カリヨンの音が響きわたる街は
3つの世界遺産に登録された豊かな街

　3つの世界遺産とは、街の中心部に残された中世の街並である"ブルージュ歴史地区"、"フランドル地方のベギン会修道院群"に登録されたブルージュのベギン会修道院および"ベルギーとフランスの鐘楼群"に含まれるマルクト広場の鐘楼だ。いずれも、13世紀に建造されたもので、街が最も栄えた時代と重なる。街に運河が造られたきっかけとなったのは12世紀の大津波。海岸から10kmも内陸にあるこの街も被災、大きな溝が残った。その溝を利用して運河を整備。ブルージュは海とつながり、北海の玄関口となった。ヨーロッパのなかでも美しいとされるマルクト広場を中心に名所が広がる。まずは、運河クルーズで現在も残る中世の趣を味わい、ゆっくりと街中散歩してみたい。

現地発のツアー情報
ブリュッセルから日帰りツアーが催行されている。そのほかブリュッセル、アントワープまたは、ゲントとブルージュをセットで巡る1日ツアーもある。

感動!!街歩き体験談　Visitor's Voice
鐘楼からのパノラマが素晴らしい

ベルギー屈指の美しい「天井のない美術館」ブルージュは、足の向くままに街歩きをするのがいちばん。まずは街の中心、マルクト広場へ。そして堂々とした鐘楼の366段もあるらせん階段を上ると、中世の街並と運河、その先には北海の絶景が待っています。塔を下りたら広場のテラスで"街中探訪"の前にベルギービールで乾杯！

ベルギー・フランダース政府観光局●須藤 美昭子さん

1000年の歴史を見つめてきた広場
マルクト広場　Markt

街の中心にある広場。毎週水曜日には市が立ち、南には15分ごとに47ものカリヨンが響く鐘楼がある。

メムリンクの最高傑作
メムリンク美術館　Memlingmuseum

ヨーロッパ最古の元病院の建物を利用。ベルギー七大秘宝「聖ウルスラの聖遺物箱」を所蔵。

● イベントをチェック　Event Calendar
5月　聖血の行列

十字軍遠征で持ち帰ったキリストの聖血に由来。市民が十字軍兵士や新訳聖書にまつわる人や物に扮し行列する。

街歩きのお楽しみ

観▶クルーズ　Cruise

縦横に運河が走るブルージュでは、運河から街の風景を楽しむのも一興。水面と地上では同じ建物を眺めるのも趣が異なる。乗場は5カ所、所要約30分。

買▶チョコレート　Chocolate

ベルギーといえば名産品のひとつとして挙げられるチョコレート。なかでもブルージュのチョコレートは別格。街には軒並みチョコレートショップが連なる。

買▶レース　Lace

中世には王侯貴族や聖職者たちの襟元や袖口を飾っていた。技術に加え良質の亜麻の産出も発展の理由。レースセンターで歴史や編み方の種類などを紹介。

ブルージュ最大の見どころ
聖血礼拝堂
H.Bloedbasiliek

ブルク広場にある。エルサレムから持ち帰ったキリストの聖血が祀られている。下部はロマネスク、上部はゴシック様式。

愛の湖公園。白鳥が優雅に泳ぐ姿が見られることも。おとぎ話に出てくるような風景が広がる

おみやげ店が連なる賑やかな通り

大小合わせて47個の鐘のカリヨンが決まった時刻に美しい音色を奏でる

歴史的に重要で壮麗な建物が集まる
ブルク広場
Burg

南側には市庁舎と豪奢な古文書館、東に裁判所、西に聖血礼拝堂があり、それぞれ異なる建築様式が楽しめる。

ガイドツアーも行なう醸造所。博物館も併設する

中世は内港で貿易港として栄えた場所。現在は白鳥が棲む美しい景観が望める

街一番の高さを誇る尖塔
聖母教会
Onze Lieve Vrouwekerk

ミケランジェロの聖母子像で有名。ブルゴーニュの美人公女マリーと「勇猛王」父シャルルの霊廟があることでも知られる。

凛とした空気の漂う清楚なたたずまい
ベギン会修道院
Begijnhof

フランダース地方に残るベギン会修道院跡として世界遺産に登録されている修道院のひとつ。自立した女性の共同生活の場だった。

運河のある街　ブルージュ／ベルギー

日本発ツアーの一例

旅の予算	旅の日程
18万円〜	8日間

1日目 日本から直行便でパリへ。【パリ泊】

2日目 午前、パリから鉄道でブルージュへ。午後は聖血礼拝堂やブルク広場など中世の景観を残す水辺の美しい街並を巡る。【ブルージュ泊】

3日目 午前、街歩きを楽しみ、午後ブリュッセルへ移動。世界遺産に登録されたグランプラスを中心に街を歩いてみよう。【ブリュッセル泊】

4日目 アムステルダムへ移動(P.124)し、市内を観光。【アムステルダム泊】

5〜6日目 午前、自由時間を満喫したあとは、飛行機でパリへ。オペラ座近くのプチホテルに2連泊。【パリ連泊】

7〜8日目 出発前に、おしゃれなカフェやお店が軒を連ねるシャンゼリゼ通りで華やかなパリを体感。夕方、パリを発ち、8日目に日本へ帰国。

お泊まり情報 プチホテルやB&Bが多いが、観光客も多く、とくに夏季は宿泊施設の確保に注意。

31 アムステルダム　オランダ
Amsterdam

運河のある街

アムステルダム／オランダ

運河沿いの家々は間口が狭く奥と縦に長い構造。かつて間口の広さによって税金を課されていたことによる

旧市街の過去が薫る運河沿いを歩く

| 基本データ | 人口 約78万人 | 面積 約219km² |

旧市街に残る17世紀の栄華の跡 面影を運河に映す

　アムステルダムの始まりは13世紀。アムステル川河口に住んでいた漁師が堰（ダム）を築き、街が誕生した。14世紀になると自由都市となり、ハンザ同盟との貿易も盛んになる。やがてその力はハンザ同盟をしのぎ、交易の範囲は地中海やアメリカ大陸、アジアへと広がっていった。15世紀には運河の掘削が始まった。しかも、この街はユダヤ人、ユグノーらの移民を受け入れる宗教的寛容さを持ち合わせていた。アムステルダムの黄金期は17世紀。オランダ東インド会社の設立とともに始まった。東方貿易の独占権を得、世界中の海を制覇する勢いで発展し、世界の金融中心へと駆け上がった。運河網が整備されたのもこの頃で、街の発展は頂点へと昇った。

現地発のツアー情報
ツアーはないが、ベルギーのブリュッセルからバスや高速鉄道タリスがある。パリ、ベルリン、ケルンなどの隣国からのアクセスも良い。

感動!! 街歩き体験談 Visitor's Voice
17世紀黄金時代にタイムスリップ
アムステルダムで街歩きをしているとオランダの特徴である大きな窓から人々の暮らしを垣間見ることができます。窓辺に飾られた花やセンスのいいインテリアなど、そのライフスタイルはとても参考になります。また、9ストリートなどおしゃれなショッピングエリアでお気に入りの雑貨屋さんを探すのもおすすめです。

オランダ政府観光局●中川 晴恵さん

今なおオランダ王家の居城
王宮 Koninklijk Paleis
ダム広場の付近に建つ。1648年に市役所として建造、1813年よりオランダ王家が使用。一般見学できる。

アムステルダムの中心地
ダム広場 Dam
旧市街の中心にある広場で、アムステルダムの街が生まれた13世紀から商業や行政の中心地。

どこでも人気のろう人形館
マダム・タッソーろう人形館 Madam Tussaud Scenerama
ダム広場に面して王宮の南側にあり、世界の著明な政治家、エンターテイナー、学者、オランダ国王夫妻らのろう人形が並ぶ。

鐘楼の鐘の音が美しい
ムント塔 Munttoren
1487年に城門の塔として建造。城壁は壊れたが塔は17世紀には貨幣鋳造所が置かれた。

● イベントをチェック Event Calendar ●

4月 国王の日
国王の誕生日を祝う祝日。国民はオレンジ色の服を着て、さまざまなパーティに繰り出し、街中でフリマが開かれる。

街歩きのお楽しみ

観 ▶ サイクリング Fiets
アムステルダムでは移動手段としての自転車占有率が60％にも上る。自転車専用道や駐輪場が整備されており、環境にやさしいし渋滞もなく、街の規模にも最適。

食 ▶ ブローチェ Broodje
ホットドッグ用のパンやバンズにハムやチーズを挟んだサンドイッチ。ニシンやクロケット、スリナム風もおいしい。

旅人を迎える大通り
ダムラック
Damrak
アムステルダム中央駅とダム広場を南北に結ぶメインストリート。

居住用の運河に浮かぶハウスボート。電気、水道、電話も配備

街最古の美しい教会
旧教会
O.L.L. Vroumekoek
アムステル川河口の運河に面し、船乗りの守護聖人聖ニコラスに捧げられた教会で13世紀の建造。

これから航海に出る男たちを涙ながらに見送ったという。1480年に建てられた

今でも市場が立つ広場
ニューマルクト広場と計量所
Nieuwmarkt en Waag
広場にある、四隅に三角屋根のある建物は、かつては市場で取引されたものの計量所だった。

レンブラントの作品と創作活動の現場を展示する

夜は明かりに縁取られる
マヘレの跳ね橋
Magerebrug
アムステルダムで唯一の木造の跳ね橋。現在の橋は1971年に架けられた。ゴッホの故郷を描いた『アルルの跳ね橋』のモデル。

日本発ツアーの一例

旅の予算	旅の日程
13万円〜	8日間

1日目 午前、日本から直行便で**アムステルダム**へ。【アムステルダム泊】

2日目 中央駅から**ダムラック**を歩き、旧証券取引所、**王宮**や新教会が建つ**ダム広場**へ。市内最古の街、ダムラック東側の**ムント塔**、**旧教会**、レンブラント広場、飾り窓地区などを巡る。夜は運河ディナークルーズ。【アムステルダム泊】

3日目 近郊の街へ。風車村ザーンセ・スカンス、民族衣装で有名なフォーレンダム、古い街並が残るマルケンを巡る。【アムステルダム泊】

4日目 午前、特急タリスで世界遺産に登録されたブルージュ(P.120)へ。中世の街並を巡る。【ブルージュ泊】

5〜6日目 午前、ブルージュから鉄道でアントワープへ。『フランダースの犬』の舞台となった街を散策。午後、鉄道でブリュッセルへ。【ブリュッセル連泊】

7〜8日目 午前、ブリュッセルを発ち、空路を乗り継いで8日目に日本へ帰国。

運河のある街 アムステルダム／オランダ

お泊まり情報 ハウスボートに滞在してみるのもアムステルダムならではの体験。広いリビングやキッチン付の部屋もある。

32 ヒートホールン オランダ
Giethoorn

緑豊かな村内は小舟が行き交い
牧歌的な雰囲気に満ちている

　細い運河が流れる、オランダ東部の静かな村。昔の住人たちがピート（泥炭）を採掘したために多くの湖が形成され、ピートの運搬用に運河が掘られたという。現在、運河沿いには茅葺き屋根のかわいらしい家々が点在し、おとぎ話の世界のような光景が広がる。村の中は車が通れないため、ボートや徒歩でのんびりと巡ろう。1時間ほどあれば一周できる。また、村にあるアウデ・アールデ博物館は世界中の珍しい鉱石や宝石を所蔵。こちらもぜひ覗いてみたい。

基本データ　人口 約2500人　面積 全長約7km

運河のある街
ヒートホールン／オランダ

| | 2 |
|1| 3 |

1 茅葺き屋根の家々は小さな島の上に建ち、その島は橋でつながれている
2 モーター付のボートもあれば、ゴンドラのような平底の小舟もある。休暇の期間や週末は混み合うので、早めにボートを借りたい
3 運河沿いにはカフェやレストランもある。散策やサイクリングの休憩に利用しよう

茅葺き屋根の家が並ぶメルヘンチックな村

現地発のツアー情報

アムステルダム発の日帰りツアーが催行されている。途中、クレラーミュラー美術館や、周辺の美しい小村に立ち寄ることができるツアーもある。

日本発ツアーの一例
旅の予算 40万円～　**旅の日程** 8日間

1-2日目 飛行機でアムステルダム(P.124)着後、バスでハーグへ。2日目は大学の街ライデンと、花の美しいキューケンホフ公園を観光する。【ハーグ連泊】

3日目 オランダ北部へと向かう。ホールン、メーデンブリックとミニSLで移動する。【レーワルデン泊】

4日目 午前中にヒートホールンを訪ねる。散策や運河クルーズで、かわいらしい街並を楽しみ運河沿いのホテルに宿泊。【ヒートホールン泊】

5日目 古都ユトレヒトにて大聖堂や世界遺産シュレーダー邸を見学したら、アムステルダムに向かう。【アムステルダム泊】

6-8日目 6日目はアムステルダム観光。7日目の午後にアムステルダムを発ち、8日目朝に日本に着く。

お泊まり情報 ヒートホールンに宿泊するなら運河沿いのホテルがおすすめ。ボートのレンタルを行なっているホテルもある。

33 コペンハーゲン　デンマーク

Copenhagen

石造りの建物にカラフルな家々と近代建築が融合した北欧の港町

　ニシン漁で栄えた漁村を守るために、アブサロン司教が12世紀半ばにクリスチャンスボー城を造ったことが街の始まり。街の名は商人の港を意味し、近隣諸国との盛んな交易で発展するも、良質な港湾に目をつけたハンザ同盟の支配を受けた。17世紀になると、建築王と呼ばれたクリスチャン4世のもと、オランダ・ルネサンス様式のレンガ造りの建物などが造られた。運河沿いのニューハウンはアンデルセンが過ごしたエリアとして有名。

基本データ　人口 約56万人　面積 約90km²

| | 2 |
|1| 3 |

1 荷の積み下ろしのために、17世紀に完成した人工の港、ニューハウン。運河沿いにカラフルな家屋が並び、魅力ある景観を生み出した
2 ストロイエは北欧を代表するショッピングストリート。世界初の歩行者天国といわれる
3 コペンハーゲンの発祥となったクリスチャンボー城。再建を繰り返し、現在の姿は1928年に完成

運河のある街 コペンハーゲン／デンマーク

商人の港として栄えたおとぎの国の首都

現地発のツアー情報

3時間で主要スポットを巡るツアーや運河クルーズも含めた半日かけてのバスツアーがある。ほかにも買物ツアーや歴史的名所巡りなど種類も豊富。

日本発ツアーの一例
旅の予算 20万円〜　**旅の日程** 6日間

1日目 日本から飛行機でコペンハーゲンへ。【コペンハーゲン泊】

2日目 人魚の像があるカステレット要塞周辺、王室の宝物が見学できるローゼンボー離宮を巡り、ニューハウンへ移動。運河クルーズでカラフルな街並を眺める。【コペンハーゲン泊】

3日目 スロッツホルメンに向かいクリスチャンボー城などを見学し、最大の娯楽施設であるチボリ公園を訪れる。【コペンハーゲン泊】

4日目 アンデルセンの生誕地オーデンセへ移動。博物館や公園などゆかりの地を訪れる。【オーデンセ泊】

5〜6日目 コペンハーゲンへ移動。ストロイエで街歩きやショッピングを楽しんだあと、夕方コペンハーゲンを発ち、機中泊で日本へ。

お泊まり情報 高級ホテルからエコノミーまでホテルの数は多い。コペンハーゲン中央駅西口一帯はホテル通りと呼ばれる。

34 リューベック 🇩🇪ドイツ
Lübeck

白い黄金と呼ばれた塩で各地をつないだ中世のヨーロッパ貿易の中心地

　川の中州にある小さな村であったが、悪天候でも波風の影響を受けないということに目をつけたホルスタイン伯アドルフ2世が、1143年に村を拡張して港を造った。一度火事で焼失したが、ザクセン公ハインリヒが焼け跡の中州を譲り受けて港を再建し、多くの商人を集め、港湾都市として発展させた。特有の黒レンガ造りで、盟主であった当時の扉が残る市庁舎や塩の保管倉庫、多くの都市が手本にしたマリエン教会などが当時の繁栄を今に伝えている。

フランクフルトからハンブルクまで鉄道で約3時間40分。ハンブルクで乗り換え、リューベックまで約1時間

日本から✈約12時間　約4時間40分

基本データ　人口 約21万人　面積 約215km²

	2
1	3

1 赤い屋根と緑の尖塔が印象的な街並。中央に見えるマリエン教会には、世界最大級のパイプオルガンがあることで有名
2 ブライテ通りには多くのショップが並ぶ。奥には船員のための教会ヤコビ教会が見える
3 2つの塔からなり、軍事目的でも使われたホルステン門は、ハンザ同盟の威信の象徴

運河のある街

リューベック／ドイツ

バルト海の女王と称されたハンザ同盟発祥の地

現地発のツアー情報

主に夏の週末に2時間ほどのガイドツアーや半日かけてのバスツアーがある。経験豊富な個人ガイドによるツアーもある。

日本発ツアーの一例
旅の予算 18万円〜　**旅の日程** 6日間

1日目 日本からフランクフルトを経由しハンブルクへ。【ハンブルク泊】

2日目 リューベックへ移動。ホルステン門、レンガ造りの塩の倉庫を見学。マルクト広場に向かい、市庁舎、マリエン教会、レストランとして営業する船員組合の家などを巡り、名物のマルチパンを購入する。【リューベック泊】

3日目 リューネブルクへ移動。岩塩の産地で栄えた街を観光。【リューネブルク泊】

4日目 ハンブルクへ移動。歴史の薫り漂う旧市街を観光する。【ハンブルク泊】

5〜6日目 話題のショップが並ぶ新市街を観光。夕方、ハンブルクを発ち、アムステルダム経由で日本へ。機中泊をして、6日目に帰国。

お泊まり情報 旧市街や最寄りのリューベック中央駅前に、高級ホテルからエコノミーホテルまで幅広くある。

35 ミコノス島 ミコノス・タウン　ギリシャ
Mykonos Mykonos Town

白い街と島

ミコノス島 ミコノス・タウン／ギリシャ

強い太陽光を反射し、室内の温度を冷涼に保つ白い外壁。エーゲ海の街を象徴する風景が広がる

青い海と空とのコントラストが美しい白壁の街並

イスタンブールから
アテネまで飛行機で
約1時間30分。アテ
ネからミコノス島ま
で飛行機で約40分

| 基本データ | 人口 約9300人 | 面積 約86km² |

迷路のような小路が続く白亜の街は「エーゲ海の白い宝石」と謳われる

　ミコノス島は、エーゲ海に浮かぶ島々のなかでもリゾート地として屈指の人気を誇る。その中心街がミコノス・タウンだ。紀元前にエーゲ海で政治・文化的中心だったデロス島の繁栄の恩恵を受ける形で、近くにあるこの島も発展を遂げた。建物は白壁で統一されており、青や赤で彩られたドアや窓枠、街中いたるところに咲くブーゲンビレアの花がよく映える。街を縦横に走る路地を散策すると、まるでおとぎ話の世界に迷い込んだような風景に出会えるだろう。一方で、夏には大勢のバカンス客を迎えるリゾートタウンであり、おしゃれなカフェやバー、ショップが密集。街歩きがてら、タベルナ（食堂）でギリシャの郷土料理を試してみるのも楽しい。

現地発のツアー情報

アテネ発のツアーが催行。ミコノス島だけなら4日間、サントリーニ島などを含めた周遊プランなら7日間ほど。ミコノス島からデロス島へ向かうツアーもある。

感動!! 街歩き体験談 Visitor's Voice
白い街、青が映える街

白い壁と青い窓で統一された街並が美しく、小さな路地を歩いてまわるのが楽しいところです。とくにサンセットのカト・ミリの風車は素晴らしく、感動してしばらくその場に立ち尽くしてしまうほど。ビーチへはバスで簡単に行くことができますし、水がとてもきれいです。夜は、素朴な地中海料理と地ワインで乾杯をし、至福の時を過ごせました。
株式会社 旅コンシェル ● 金子 礼子さん

絵はがきのモチーフとしても有名
パラポルティアニ教会
Paraportiani Church

5つの礼拝堂を有する独特の形状。ミコノス島に300以上ある教会のなかでもとくに美しいといわれ、観光客に人気。

しゃれたバーやカフェが集まるリトル・ヴェニス。海際まで店のバルコニーがせり出す

島のランドマーク
カト・ミリの風車
Windmills of Kato Mili

小高い丘の上に、5基の風車が並んで建つ。島に吹く強風を利用し、かつては小麦が挽かれていた。現在では人気の観光スポットになっている。

海に面したオールド・ポート。オープンテラスのカフェやレストランが連なり賑やかな雰囲気

小規模だが見応えあり
考古学博物館
Archaeological Museum

ミコノス島や周辺の島々で発掘された出土品を展示する。墓碑や骨壺、副葬品が中心だ。ヘラクレスの彫刻が必見。

全室オーシャンビューのホテルでサンセットがよく見えると評判

タクシー乗場があるマンド広場。タクシー・スクエアとも呼ばれる

白い街並が見渡せる
ボニの風車
Boni's Windmill

急な階段を上った先にあり、眺望スポットとして有名。ここから見る夕日は格別だ。ミコノス島で唯一、内部を見学できる風車でもある。

マトギアニ通りはお店が建ち並ぶメインストリート

「ペドロ」の愛称で親しまれるペリカンが街のマスコット。港の近くでよく見かける

古い航海道具が見られる
エーゲ海洋博物館
Aegean Maritime Museum

古代からの帆船の模型や、古い羅針盤、地図などを展示。航海の史料を通して、海とともにあったミコノス島の歴史が学べる。

複雑な街路を持つ街並は、かつてここを襲撃に来た海賊たちを欺くために築かれたという

日本発ツアーの一例 ✈

旅の予算 **旅の日程**
35万円〜 **8日間**

1日目 日本から飛行機をイスタンブールで乗り継ぎ、アテネへ。【アテネ泊】

2日目 朝、アテネから船飛行機でミコノス島へ。到着後は昼食を挟み、ミコノス・タウンを散策。風車や教会などを見学しつつ、途中のショップやカフェにも立ち寄る。夜は賑やかなタベルナで食事。【ミコノス島泊】

3日目 引き続きミコノス島に滞在。ミコノス・タウンは小さな街なので、ひととおり散策したら美しいビーチも訪れてみたい。デロス島へのオプショナルツアーも利用可。【ミコノス島泊】

4・5日目 4日目の朝、ミコノス島から船でサントリーニ島（P.74）へ。断崖上にある絶景の街を散策する。【サントリーニ泊】

6日目 飛行機でアテネへ。市内の名所を観光する。【アテネ泊】

7・8日目 7日目の朝、アテネを発ち、イスタンブールを経由して、8日目朝に日本へ帰国。

白い街と島 ミコノス島 ミコノス・タウン／ギリシャ

🛏 **お泊まり情報** ミコノス・タウンには小規模でアットホームなホテルが、島南部のビーチエリアには設備の整ったリゾートホテルが多い。

36 コルドバ ユダヤ人街 スペイン
Córdoba La Judería

白い街と島 コルドバ ユダヤ人街／スペイン

花の小路はユダヤ人街にある人気撮影スポット。白壁の合間からメスキータが見える

イスラム文化の薫りゆかしいアンダルシアの古都

パリからマドリードまで飛行機で約2時間。マドリードからコルドバまで鉄道で約2時間

基本データ 人口 約33万人 面積 約1255km²

巨大なモスクや白壁の家並が美しいいくつもの文化が溶け合う街

　アンダルシア地方を流れるグアダルキビール川沿い、街を象徴するモスク、メスキータを中心に栄えたイスラム色の濃いスペインの古都だ。紀元前からローマ帝国の属州の首都として発展し、8世紀にはイスラム教徒が征服して後ウマイヤ朝の首都となる。13世紀に支配権がカスティーリャ王国に移るまで、イスラム政権化ではぐくまれた文化や建築物の数々が今もこの街の特色となっている。とくに、迷路のような路地に白壁の家々が建ち並ぶユダヤ人街や、キリスト教とイスラム教の様式が混在するメスキータなど古い街並が残る旧市街は独特の情緒があり、世界遺産にも登録されている。見どころはメスキータの周辺に集まっており、散策は徒歩で十分だ。

現地発のツアー情報
グラナダ発は日帰りのほか、白い村を経由してコルドバ着のツアーもある。マドリード発はセビーリャなどアンダルシアの街と併せて1〜3泊の旅程のものがある。

感動!! 街歩き体験談 Visitor's Voice
紅白のアーチとパティオ
イスラム教寺院をもとにキリスト教会が造られたという世界に類を見ないメスキータ。なかでも、その連なる紅白のアーチは、エキゾチックな雰囲気がとても神秘的です。夕暮れどきにローマ橋の向こうから見る旧市街も幻想的。春から夏にかけて、カラフルな花々の鉢植えで飾られたパティオ(中庭)がある邸宅は見どころのひとつです。
スペイン政府観光局

グアダルキビール川に架かるローマ橋の先には、イスラム教とキリスト教の様式が混在するメスキータがそびえる

赤と白の二重アーチが続く
▶ **メスキータ** Mezquita

後ウマイヤ朝のアブド・アッラフマーン1世が785年に建設を始めた巨大モスク。約850本もの円柱が建ち並ぶ「円柱の森」がいちばんの見どころ。

イスラム時代の浴場の跡
▶ **アラブ浴場** Baños del Alcázar Califal

10世紀、ハカム2世の統治下に造られた浴場。礼拝前に身を清めるために利用されていた。

● **イベントをチェック** Event Calendar ●

5月 パティオ祭
中庭の飾り付けコンテストが開かれ、色とりどりの花々で彩られた参加者の自宅の中庭を見てまわることができる。毎年5月上旬〜中旬あたりの2週間ほど開催。

街歩きのお楽しみ
食 ▶ **サルモレホ** Salmorejo

アンダルシア地方の郷土料理で、トマト、パン、オリーブオイルなどを使った冷製スープ。もったりとした仕上がりで、ゆで玉子や生ハムをトッピングして食べる。

コルドバの歴史をめぐる
考古学博物館
Museo Arqueológico

16世紀ルネサンス様式の邸宅を利用。先史時代からローマ帝国時代、イスラム統治時代まで街の歴史がわかる貴重な彫像や遺跡が展示されている。

作家・セルバンテスが訪れた
ポトロ広場
Plaza del Potro

セルバンテス作の『ドン・キホーテ』にも登場する広場で、仔馬（ポトロ）の像の噴水が目印。周辺には美術館が多い。

ローマ橋を守る堅牢な要塞
カラオーラの塔
Torre de la Calahorra

ローマ橋たもとの要塞で、現在はイスラム統治時代の資料や復元模型の展示を行なうアル・アンダルス博物館。屋上からは旧市街を一望できる。

イスラムの影響を受けた宮殿
アルカサル
Alcázar de los Reyes Cristianos

キリスト教時代の14世紀にアルフォンソ11世によって建てられた王宮。アラブ式庭園や内部の博物館が見どころ。

日本発ツアーの一例

旅の予算	旅の日程
14万円〜	7日間

1日目 日本からパリ経由でマドリードへ。[マドリード泊]

2・3日目 午前中にコルドバへ出発。旧市街の中心、メスキータをまず訪れる。そのまま北上して白い街並がきれいなユダヤ人街へ。バルやレストラン、おみやげ屋さんも多い。3日目はアルカサルや考古学博物館を巡って、夜は郷土料理も味わいたい。[コルドバ泊]

4日目 セビーリャへ移動し、世界遺産のカテドラルを見学する。[セビーリャ泊]

5日目 マドリードへ。王家ゆかりの地を巡ったり、おみやげショッピングを楽しむ。[マドリード泊]

6・7日目 午前、マドリードを観光し、午後空港へ。パリ経由で日本へ。機中泊で7日目の朝に日本到着。

白い街と島　コルドバ　ユダヤ人街／スペイン

お泊まり情報　情緒あるホテルが多いのはメスキータ周辺。手ごろなタイプはカルデナル・ゴンサレ通りに集中。駅近辺は大型ホテルが多い。

37 ミハス スペイン 🇪🇸
Mijas

白い街と島　ミハス／スペイン

アンダルシアの空の青と痛いほどの陽光にかがやく白い街、そして通りを彩る原色の花々に夢心地

コスタ・デル・ソルのまばゆい白い街並で憩う

パリからマラガまで飛行機で約2時間30分。マラガからフエンヒローラまで鉄道で約30分。フエンヒローラからミハスまで車で約30分

パリ
日本から✈約12時間30分
フランス
約3時間30分
スペイン
バルセロナ
マドリード
ポルトガル
セビーリャ
ミハス
マラガ
フエンヒローラ
ジブラルタル海峡
地中海
モロッコ
アルジェリア

基本データ 人口 約8万2000人 面積 約147㎢

地中海に沿って続く太陽の海岸
山腹に位置する小さな白い街へ

　地中海に沿って約350km続く海岸、コスタ・デル・ソル(太陽の海岸)の山の中腹にある"白い街"ミハスは、その立地から眺めの素晴らしさでとりわけ人気が高い。展望台から見る空と地中海の青と真っ白な街並の光景は格別で、天気が良ければ彼方にアフリカも望める。街は白い家々が連なる旧市街のミハス・プエブロとビーチリゾートのミハス・コスタとの2つのエリアに分かれる。小さな街なので1時間あればまわれるが、ラ・ペーニャ聖母礼拝堂をはじめとする歴史的な建造物や、四角い闘牛場などの観光スポット、さらに展望スポット、白壁が連なる通りを飾る花々、かわいらしい小物ショップやレストラン、カフェなども揃っているので、くつろいだ時間を過ごしたい。

現地発のツアー情報
マラガ発でフリヒリアナ、ネルハ、ミハスを巡るものや、マドリード、バルセロナ発でグラナダ、コルドバ、セビーリャ、ミハスを巡るものなど、多彩なツアーが揃う。

感動!!街歩き体験談 Visitor's Voice
スペインの白い村らしい光景が広がる
晴れ渡った青空に、燦々と降り注ぐ太陽、連なる白壁の家々、鉢植えのゼラニウム…。色彩豊かなこの村は、どこの路地をとってもシャッターチャンスがいっぱい。蹄の音を聞きながら乗る名物のロバタクシーも旅のお楽しみ。スペイン南部アンダルシア地方の沿岸部は冬も比較的暖かいので、ロングステイにも最適です。
スペイン政府観光局

ミハスで人気の高いサン・セバスチャン通り

街のシンボル的教会
サン・セバスチャン教会
Iglesia de San Sebastian
花々が美しく飾られたサン・セバスチャン通り沿いにたたずむ小さな教会。祭壇もこちんまりしていてかわいらしい。

サン・セバスチャン教会
サン・セバスチャン通り
C.San Sebastian
街でいちばん有名な通り。カフェやみやげ物店が並ぶ
Calle de Coin
Calle Fuente del Algarrobo
闘牛場
Plaza de Toros
小さな闘牛場で四角に近い楕円と珍しい形

街にはかわいらしい雑貨屋やみやげ物店がたくさん並び、楽しめる

街歩きのお楽しみ
観▶**ロバタクシー** Burro Taxi
ミハスの名物で、ロバに直接乗る1人用と、2人で利用するロバ車がある。なぜかナンバープレートもあり、ロバの額に付いていて、なんともかわいらしいと人気だ。

ミハスの街並は2時間もあればまわれる。白壁と空の青とが目にしみる

COLUMN

太陽の照り返しを白壁で

スペイン南部のアンダルシア地方には、ミハスをはじめ、カサレス、モンテフリオ、サロブレーニャ、フリヒリアナなどの有名な白い村・街があることで知られる。なぜこの地方には"白い"村・街が多いのか？ その理由は、やはり第一には太陽からの暑さを和らげることにある。街全体であればなおさらだ。

白い街と島 / ミハス／スペイン

昔の農業の様子を知る
郷土資料館
Casa Museo

石臼やワインの貯蔵庫など、昔の農機具などを展示。中庭でほっとひと息つくのもいい。

修道士が岩を掘って建造
ラ・ペーニャ聖母礼拝堂
Ermita de la Virgen de la Peña

展望台の近くにある礼拝堂でミハスの守護聖母像が祀られている。16世紀前半に修道士がみずから岩を掘り抜いて造ったものという。

オープンカフェで憩う
憲法広場
Plaza de la Constitución

ほぼ街の中心にある小さな広場で、シーズンにはかなり賑わう。カフェやみやげ物店が軒を連ねる。闘牛場も近い。

日本発ツアーの一例

旅の予算 30万円〜
旅の日程 6日間

1日目 日本から飛行機でパリへ。【パリ泊】

2日目 パリから飛行機でマラガへ。ピカソ美術館やピカソの生家などを巡る。【マラガ泊】

3日目 午前、マラガの観光を楽しみ、午後にミハスへ移動。ロバタクシーを利用して、高台にある展望台へ向かう。サン・セバスチャン教会から憲法広場へ下り、広場周辺のみやげ物店に立ち寄る。【ミハス泊】

4日目 セビーリャへ移動。カテドラルやスペイン広場などを見学し、マドリードへ向かう。【マドリード泊】

5/6日目 5日目は終日マドリードを観光。プラド美術館などを見学する。【マドリード泊】
6日目午後、飛行機に乗り、パリを経由して日本に帰国。

お泊まり情報　白い街並に溶け込む魅力的なホテルが点在している。

38 オビドス ポルトガル
Óbidos

中世の城壁に囲まれた小さな街
美しい街は"谷間の真珠"と呼ばれる

　リスボンから北へ80km、丘の上に位置する城壁に囲まれた街。紀元前300年頃にケルト人がつくったといわれる。13世紀にディニス王がイザベル王妃と新婚旅行で訪れた際、王妃がこの街を気に入り、王がプレゼントした。以来19世紀まで王妃の直轄地として統治された。中世建築がそのまま残る街を徒歩で一周すると20分ほど。石畳の路地に青や黄色に塗られた白壁の街並のなかを歩き、オビドス名産のサクランボの銘酒、ジンジャーニを試したい。

パリからリスボンまで飛行機で約2時間30分。リスボンからオビドスまでバスで1時間

約3時間30分

パリ 日本から ✈約12時間
フランス
ポルトガル ポルト
オビドス★ ・マドリード ・バルセロナ
リスボン スペイン 地中海

基本データ 人口 約1万1000人 面積 142km²

	2
1	3

1 ディレイタ通りはレストランやカフェ、みやげ物店が軒を連ねるメインストリート
2 城壁の上を歩いて散策することができる
3 サンタ・マリア教会。内部は17世紀の美しいアズレージョで囲まれている。ポルトガルで有名な17世紀の画家ジョゼファ・デ・オビドスの作品やジョアン・デ・ノローニャの作品は必見

白い街と島

オビドス／ポルトガル

イザベル王妃が心を奪われた美しい箱庭

現地発のツアー情報

リスボンからバスで1時間のため、半日観光のツアーを多数催行。港町のナザレ、カトリックの聖地・ファティマと併せてまわる日帰りツアーもある。

日本発ツアーの一例　旅の予算 30万円〜　旅の日程 9日間

1日目 午後便で日本を発ち、パリやヘルシンキなどを経由してリスボンへ。【リスボン泊】

2日目 午前中に特急列車で文化都市、コインブラへ。【コインブラ泊】

3日目 ポルトガル発祥の地、ポルトへ。世界遺産に登録されている歴史地区を散策。【ポルト泊】

4日目 ドロウ川のクルーズやポートワインのセラーを見学。【ポルト泊】

5日目 ポルトから特急列車でリスボンへ約3時間、その後バスでオビドスへ。街を散策し、城を改築したポウザーダに宿泊。【オビドス泊】

6・7日目 オビドスからリスボンへ。アルファマ地区の古い街並見学やレトロ市電で散策。【リスボン連泊】

8・9日目 昼前の便でリスボンを発ち、ヨーロッパの主要都市で乗り継いで日本へ。

お泊まり情報 中世の城を改装して造られたポウザーダ（国営の宿泊施設）がある。10〜30室程度の小規模な宿が多い。

39 コルマール フランス
Colmar

カラフルな街並 コルマール／フランス

パステル調の美しい街は、ジブリ映画『ハウルの動く城』のモデルになったといわれている

パステルカラーと花に彩られたおとぎの街

基本データ ｜ 人口 約6万6000人 ｜ 面積 約67km²

16～17世紀の美しい街並を保存
特産のアルザスワインも楽しみ

　アルザスワインの産地として知られる、フランス東部のヴォージュ山麓。ブドウ畑の丘陵地帯に点在する、小さな街のひとつがコルマールだ。アルザス地方を襲った第二次世界大戦の激戦を逃れ、中世からルネサンス期の風情を旧市街に色濃く残した。アルザス特有の木骨組みをアクセントにした、パステルカラーの建物が石畳の道に続く。店先に下がるおしゃれな看板や、窓辺を飾る赤やピンクの花々が街をメルヘンチックに飾る。なかでも人気のエリアが、プティット・ヴニーズ。ゴンドラの行き交う運河とカラフルな家並の情景はまさに"小さなヴェニス"の名にふさわしい華やぎがある。街角の雑貨屋に立ち寄り、カフェで自慢のワインを楽しみたい。

現地発のツアー情報
ストラスブールから専用車に乗り、コルマールを含めアルザス地方の美しい村を巡る日帰りツアーがある。春や夏は花が美しく、アルザスワインの試飲も楽しめる。

感動!! 街歩き体験談　Visitor's Voice
クリスマスの季節に行ってきました
アルザス地方では三角屋根をツリーに見立て、木組みの家々が飾り付けられます。サンタクロースやシロクマのぬいぐるみ、雪だるまなど、飾りひとつひとつが独創的。本物のリンゴ（アダムとイヴの象徴）を飾る家もあって、この地方ならではの珍しいクリスマスに感激。シナモン入りの温かい飲み物も手伝って、心も体もぽかぽかに。
ユーラシア旅行社●髙橋 景子さん

宗教画の最高傑作がある
ウンターリンデン美術館
Musée d'Unterlinden

13世紀の修道院を改造。中世からルネサンス期の美術品を展示。礼拝堂にある『イーゼンハイム祭壇画』が有名。

宿泊もできる歴史建築
頭の家
Maison des Têtes

建物正面に105の顔の彫刻がある。1609年建造のルネサンス建築で、現在はホテルとレストランを営業。

運河沿いのパステルカラーの家並が素敵なプティット・ヴニーズ（小ヴェニス）

街歩きのお楽しみ
観 ▶ クルーズ　Cruise
プティット・ヴニーズの乗場から、小船に乗って約30分の運河巡り。カラフルな家々が並び、緑の茂るなかをのんびりクルーズできる。

絵はがきなどでおなじみ
プフィスタの家
Maison de Pfister

1537年建築のアルザスを代表する建物。尖塔や出窓、ベランダが特徴で、映画『ハウルの動く城』のモデルといわれている。

日本発ツアーの一例 ✈

旅の予算	旅の日程
18万円～	8日間

1日目 夕方日本を発ち、機中泊でパリへ向かう。

2日目 パリ到着後、鉄道でコルマールへ。**ウンターリンデン美術館**や頭の家などを見学し、プティット・ヴニーズを小舟で巡る。木組みの家や美しい自然を堪能したい。アルザスワインをおみやげに購入。【コルマール泊】

3日目 バスでカイゼルスベルクへ。花で飾られたかわいらしい村のメインストリートを見学。コルマールへ戻る。【コルマール泊】

4日目 ストラスブール(P.116)へ。世界遺産に認定された旧市街を散策。【ストラスブール泊】

5〜6日目 午前、鉄道でパリへ移動。エッフェル塔などの観光名所を巡ったら、オペラ座界隈のプチホテルへ。【パリ連泊】

7〜8日目 午後の出発まで市内観光。おみやげなどのショッピングも楽しむ。夕方、パリを発ち、8日目午後、日本着。

COLUMN
ワイン街道の村を巡り特産の白ワインを試飲

ヴォージュ山脈の麓、マルレンアイムからタンまで南北約170km続くアルザスワイン街道。沿道にはコルマールや小さな村々が点在し、それぞれ自慢のワインを造っている。ワインセラーを巡るコルマール発の街道ツアーが人気だ。

旧市街が華やぐ日。プティット・ヴニーズの近くには子供向けの市が立つ

🛏 **お泊まり情報** アルザスの伝統的な建物を利用した小ぶりなホテルが旧市街に点在している。

40 プラハ　チェコ 🇨🇿
Praha

カラフルな街並 プラハ／チェコ

ゴシックのティーン聖母教会やロココの宮殿など、旧市街広場には多様な時代建築が隣り合って建つ

異時代の建築が紡ぎ出す千年の都の輝き

基本データ 人口 約120万人　面積 約496km²

市街がまるごと屋外建築博物館
教会の尖塔が天を指す荘厳な街並

「黄金の都」、「百塔の街」、「建築博物館」など、チェコ共和国の首都プラハを讃える呼び名はじつに多い。ボヘミア王国が9世紀、ヴルタヴァ川西岸の丘にプラハ城を築いたのが街の起源。14世紀にはローマ帝国の都となり、「黄金の都」の名にふさわしい大都市へ発展した。現在の旧市街の基礎が築かれ、ティーン聖母教会など重厚なゴシック建築が次々に建てられた。ハプスブルク家の支配下に入った16～18世紀には、ルネサンス、さらにはバロックの装飾的な建築が街を飾った。石畳にパステル調の建物が並ぶ現代の旧市街。随所で各時代の大建築が威厳を漂わせ、中世の面影を残す。カレル橋の橋塔に上れば、尖塔そびえる「百塔の街」の眺望が楽しめる。

現地発のツアー情報
市内の観光ツアーは多彩で、ヴルタヴァ川のディナークルーズやトラムと徒歩による市内観光、醸造場の見学などさまざま。近隣都市からのツアーは少ない。

感動!!街歩き体験談 Visitor's Voice
音楽とともに千年の歴史を刻む街
プラハの街の中心を流れるヴルタヴァ川に架かるカレル橋はプラハ観光最大の目玉です。橋の上から見る丘の上に建つプラハ城や古都プラハの街並は一年を通じて格別です。季節、天候、太陽の位置により街全体の色が微妙に変化し、橋の上で奏でる質の高いミュージシャンの音楽と一体化し、プラハの魅力をいっそう感じることができます。
　　　　　　　　　　　　チェコセンター●髙嶺 エヴァさん

コンサートも開かれる
聖ミクラーシュ教会
Kostel sv. Mikuláše
12世紀の創建。中世に増改築が繰り返され、18世紀にバロック様式となった。内部の天井画や彫刻が素晴らしい。対岸に同名の教会がある。

昼間はパフォーマーや露店で賑やかなカレル橋だが、夜は照明で幻想的に

プラハ最古の石橋
カレル橋
Karlův most
14世紀にカール4世の命で造られたゴシック様式の石橋。17～20世紀に、30体の聖人像が欄干に飾られた。両岸に建つ橋塔に上れる。

プラハ城に次ぐ規模
クレメンティヌム
Klementinum
イエズス会の拠点で、18世紀に教会や修道院、図書館など多くの建物が建ち並んだ。現在、教会や図書館を見学可能。

歴史を目撃した広場
旧市街広場
Staroměstské nám
重要建築に囲まれた旧市街の中心。三十年戦争後の1621年、チェコの貴族26人が処刑された場所には十字架が刻まれている。

街歩きのお楽しみ
食 トゥルデルニーク Trdelnik
小麦粉の生地を筒に巻きつけて焼き、シナモンシュガーで味付けしたチェコの伝統菓子。プラハの街を歩いていると、屋台から甘い香りが漂い思わず誘われる。

ピンクの華麗な宮殿
ゴルツ・キンスキー宮殿
Palác Golz-Kinských

プラハ国立美術館群のひとつ。ゴルツ伯爵の命で18世紀に建造したロココ様式の宮殿。正面の漆喰装飾が華やか。

石造りの鐘がある
石の鐘の家
Dům U Kamenného zvonu

石灰岩でできた14世紀のゴシック建築。新しい建物に覆われていたが、修復工事で発見された。かつては宮殿の一部に利用された。

百塔の街のシンボル
ティーン聖母教会
Matka Boží před Týnem

12世紀に建設されたゴシック様式の教会。2つの美しい鐘楼の高さは約80m。カレル橋を設計したパルレーシュ工房が担当した。

王宮跡地にある華麗な装飾の建物はアール・ヌーヴォー建築の代表作。音楽祭「プラハの春」の会場となるスメタナ・ホールもある

通りの両側にはショップが軒を連ね、観光客で賑わう

ヨーゼフ・ゴチャールの設計によるチェコのキュビズム建築の傑作。2階はキュビズム美術館

観光案内所がある
旧市庁舎
Staroměstská radnice

14世紀に開設し、その後、数世紀にわたって増改築が繰り返された。毎正時に仕掛けの登場する天文時計が有名。

天文時計には2つの文字盤があり、天体の動きと時間を表している

カラフルな街並
プラハ／チェコ

日本発ツアーの一例

旅の予算	旅の日程
20万円〜	8日間

1日目 日本から飛行機でウィーンへ。【ウィーン泊】

2〜3日目 ウィーンから飛行機でプラハへ。プラハ城、**カレル橋**、**旧市街広場**などを巡る。夜は、国立マリオネット劇場でチェコの伝統芸能・人形劇『ドン・ジョヴァンニ』を観劇、帰りにビアホールでビールとボヘミア料理をいただく。4日目も終日市内を観光。【プラハ連泊】

4〜5日目 バスでチェスキー・クルムロフ(P.190)へ。チェスキー・クルムロフ城や大聖堂を見学したのち、リンツまでバスに乗り、鉄道に乗り換えてウィーンへ。6日目は市内観光。【ウィーン連泊】

6日目 ウィーンから日帰りでブダペスト観光。聖イシュトバン大聖堂などを巡る。【ウィーン泊】

7〜8日目 7日目午後、ウィーンから直行便に乗り、8日目、日本へ帰国。

お泊まり情報　旧市街にはホテルやペンションなど多様なスタイルや料金の宿が多く、観光にも便利だ。

41 ストックホルム ガムラ・スタン スウェーデン
Stockholm Gamla Stan

カラフルな街並

ストックホルム　ガムラ・スタン／スウェーデン

ガムラ・スタン中央部にあるストール広場。野菜などを売る市場が立ち、多くの人で賑わう

古い城塞都市ガムラ・スタンは小さな島

基本データ 人口 約79万人　面積 約209km²

古い街という意味のガムラ・スタン ストックホルム発祥の地でもある

　ガムラ・スタンがあるのはスタッスホルメン島、市庁舎の東南に浮かぶ小さな島だ。街は宮崎駿のアニメ映画『魔女の宅急便』のモデルにもなったといわれる。1252年、この街に初めて城塞ができたとき、エステルロン通りとヴェステロングガータン通りに沿って城壁が建っていた。島の中心はストール広場。広場の北側には旧取引所の建物があり、今はノーベル博物館が入る。博物館のカフェの椅子には歴代の受賞者のサインが書かれている。広場周辺にはカフェ、レストラン、ブティックなどが軒を連ねる。取引所の北側には大聖堂、島の北東部には王宮が建つ。夏の季節のみオープンするリッダーホルム教会の透かし彫りの尖塔は街全体を見晴らせる気持ちの良い場所だ。

現地発のツアー情報
近隣国からはスウェーデン デイ・トレインでストックホルムまで乗り入れることができる。ガムラ・スタンでのバスやクルーズ観光を組み合わせるとよい。

感動!! 街歩き体験談　Visitor's Voice
中世薫る街並に誘われて
カラフルな背高のっぽの建物があるストール広場前や、すれ違うのもやっとの細い路地を歩くとおとぎの国に迷い込んだような気分に。小一時間もあれば街をひと周りできます。中世の建物の多くはおみやげ屋さん、おしゃれなカフェやレストランに改装。寄り道が楽しくて時が経つのも忘れてしまうほど素敵な場所です。
　　　　　　　　　　ネットトラベルサービス●川澄 悦子さん

シンボルとなる歴史ある教会
ストックホルム大聖堂
Storkyrkan
創建は1279年。スウェーデンで現役の最古の建物。王室の結婚式をはじめ儀式が行なわれる。

広場前に建つ資料館
ノーベル博物館
Nobel Musset
旧取引所の建物の1階。ノーベル賞誕生の1901年以来の受賞者とノーベルの発明・発見を紹介。

●イベントをチェック　Event Calendar●

12月　クリスマスマーケット
工芸品、お菓子などを売る屋台がストール広場を埋め尽くし、まさに本物のクリスマスが味わえる。

街歩きのお楽しみ

観▶屋根歩きツアー　Upplev Mer Rooftop Tour
ガムラ・スタンの西、リッダーホルメン島にある建物の屋根にウォーキングコースを設置。命綱を着装し、地上約40m、スリル満点の急な屋根の上からガムラ・スタンや新市街を眺望する。

食▶ショットブッラール　Köttbullar
スウェーデンの典型的な郷土料理。家庭料理のため味が違うが、ベリー類を甘く煮込んだソースが添えられるのがストックホルム流。

映画『魔女の宅急便』のモデルになった街並

ストックホルム ガムラ・スタン／スウェーデン

カラフルな街並

★リクス橋 Riksbron

ヘアンズホルメン島 Helgeandsholmen

●国会議事堂 Sveriges Riksdag

ストックホルム中央駅からはヴァーサ橋よりもこちらを渡ったほうが眺めがいい

1688年に建てられ、貴族階級による初の議会が行なわれた

貴族の館 Riddarhuset

★王宮 スタッスホルメン島 Stadsholmen

ストックホルム大聖堂★
ノーベル博物館★
ストール広場★

広場には「セント・ジョージの龍」のレプリカ像がある

★シェップマン広場 Köpmantorget

シェップマン通り Köpmangatan

ガムラ・スタンで最も古い通り。ショップやギャラリーが建ち並ぶ

ヴェステルロングガータン通り★ Västerlånggatan

ガムラ・スタンきっての目抜き通り。伝統工芸品やみやげ店が軒を連ねる

ドイツ教会 Tyska kyrkan

島で最も細い通りの幅はなんと90cmほど

ガムラ・スタン Gamla Stan

★モーテン・トロツィヴ・グレン Mårten Trotzigs Gränd

ガムラ・スタン駅 Gamla Stan

★鉄の広場 Järntorget

港から鉄が陸揚げされ、この広場まで運ばれたことが名前の由来

ガムラ・スタンの南に位置する大きな島

セーデルアルム島

水辺にひときわ目立つ塔
リッダーホルム教会
Riddarholms kyrkan

1285年に創建。1634年から1950年まで王室の葬儀に使われ、多くの王が埋葬されている。

ガムラ・スタンの中心地
ストール広場
Stortorget

1520年にはデンマーク国王がスウェーデン人有力者を処刑。悲劇の舞台となったこともある。

中庭の衛兵交代式は必見
王宮
Kungliga slottet

スウェーデン王室の居城だったが、今は国王や王妃の執務にのみ利用。18～19世紀の優美な内装の大広間など一部を公開。

日本発ツアーの一例 ✈

旅の予算	旅の日程
13万円～	**8日間**

1日目
日本を発ち、コペンハーゲンで乗り継いで**ストックホルム**へ。【ストックホルム泊】

2日目
中央駅から南の小さな橋を渡り、ヘランズホルメン島の国会議事堂、大聖堂や王宮を眺めながら、**ガムラ・スタン**へ。観光客で賑わうヴェステルロングガータン通りからストール広場をめざす。石畳の小道やパティオの静寂な雰囲気を味わう。【ストックホルム泊】

3～4日目
ストックホルム空港を発ち、ヘルシンキへ。4日目は日本で人気の北欧雑貨店や映画『かもめ食堂』のロケ地へ。【ヘルシンキ連泊】

5～6日目
ヘルシンキ空港を発ちコペンハーゲン (P.130) へ。6日目はボートで新旧の建築が建ち並ぶ街並をゆったりと遊覧したり、ラウンドタワーに上って市内を一望する。【コペンハーゲン連泊】

7～8日目
午前は、イヤマやタイガーでおみやげを購入。午後、コペンハーゲンを発ち、直行便で8日目に日本へ帰国。

🛏 **お泊まり情報** 旧市街のホテルも魅力的だが、荷物のことを考えると駅周辺が便利。

42 テルチ チェコ
Telč

池と城に囲まれた小さな街は、モラヴィアの真珠とも称される美しさ

　チェコ共和国のなかで最もロマンティックといわれる、モラヴィア地方にある小さな街。現在見られるような街並になったのは16世紀の大火災後のこと。当時の領主が、広場に面した家を建て替える際には、すべての家の高さを揃えルネサンス様式にするよう命じたのだ。当時の姿のまま保存されたこれらの歴史地区は、1992年にユネスコの世界遺産に登録されている。一周するのに1時間もかからない小さな街なので、のんびり過ごせるだろう。

ウィーンからプラハまで飛行機で約50分。プラハからテルチまでバスで約3時間

約3時間50分
日本から ✈ 約12時間

基本データ　人口 約6000人　面積 約25㎢

カラフルな街並

テルチ／チェコ

| | 2 |
|1| 3 |

1 家の飾りは住民が社会的地位を周囲にアピールするため競って施された。1階のアーケード部分は、現在小さなみやげ物店などが入っている
2 旧市街広場の先端に建つ聖ヤコブ教会。塔からの景色は、見逃せない美しさ
3 ひときわ目立つこの建物の壁は、スグラフィット（だまし絵）が装飾されている

ルネサンス様式都市の最高傑作、絵画のような家々

現地発のツアー情報

プラハ発で、チェコの世界遺産をまわるツアーがいくつかある。そのなかにテルチが含まれていることが多く、日帰りか1泊2日のツアーが揃う。

日本発ツアーの一例　旅の予算 **17万円〜**　旅の日程 **8日間**

1日目 日本から飛行機でウィーンへ。【機中泊】

2日目 飛行機を乗り継ぎ、午後プラハ(P.152)着。旧市街広場やカレル橋などの見どころを巡る。【プラハ泊】

3日目 バスでクトナーホラ、ゼレナーホラ、テルチを順に巡る。聖ネポムツキー巡礼聖堂などの世界遺産を見学。【テルチ泊】

4日目 午前、テルチを観光。午後からバスでチェスキー・クロムロフ(P.190)へ。中世都市を楽しむ。【チェスキー・クルムロフ泊】

5日目 バスでホラショヴィツェ、チェスケー・ブディヨヴィツェなどを巡りプラハへ。【プラハ泊】

6〜8日目 6日目は終日プラハを観光し、7日目夕方空港へ。機中泊で8日目の夕方日本に帰国。

 お泊まり情報 小さな街だが、個人経営のペンションやホテルが多くある。

43 ポズナン　ポーランド
Poznań

何世紀にもわたり商都として栄えた
ポーランド建国の地

　中世ポーランド王国の初期の首都として栄えた古都。第二次世界大戦によって90％以上が破壊された旧市街は、戦後、残された資料をもとに完全に復元。隙間なく並ぶカラフルで細長い家々や、正午になると2頭のヤギが登場するカラクリ時計がある旧市庁舎など、かわいらしい景色が見られる。ベルリンとワルシャワの中間という地の利から、商業の街としても賑わい、現在も大学、芸術、見本市の都市としてその歴史をつなげている。

基本データ　人口 約55万2700人　面積 約261.8km²

カラフルな街並

ポズナン／ポーランド

| | 2 |
|1| 3 |

1 ポーランドで3番目の大きさを持つ旧市街の広場では、天気が良い日にテントが張られ、カラフルな建物に囲まれながらの食事が楽しめる
2 広場中央に建つ旧市庁舎は、現在、ポズナンの長い歴史を学べる博物館となっている
3 建物の1階部分がアーケードのようにつながっており、小さなみやげ物店が並ぶ

色鮮やかな街並を取り戻し、長い歴史を紡ぐ古都

現地発のツアー情報

現地発のツアーは少ない。ポーランド全体を巡るツアーに申し込むか、自由に予定を組もう。

日本発ツアーの一例　旅の予算 **16万円～**　旅の日程 **8日間**

1-2日目 日本から飛行機で、乗り継ぎのためヘルシンキへ。機中泊をして、2日目午後ワルシャワ着。市内を散策する。【ワルシャワ泊】

3-4日目 ワルシャワにて市内散策後、鉄道でポズナンへ。旧市街広場やポズナン大聖堂、国立美術館など、見応えがある建物を見学。4日目も、市内をゆっくり観光できる。【ポズナン連泊】

5-6日目 チェックアウト後、鉄道でワルシャワへ。午後着。旧市街はもちろん、水田宮殿が美しいワジェンキ公園や、旧王宮など、奥深い歴史を訪ね歩くのもいい。6日目も、ワルシャワに滞在。【ワルシャワ連泊】

7-8日目 ワルシャワから飛行機で、乗り継ぎのためヘルシンキへ。機中泊で8日目の夕方、帰国。

 お泊まり情報 国際見本市やお祭りがある6月は、宿泊予約が取りにくくなることもある。

44 ベルゲン ノルウェー
Bergen

中世らしい色鮮やかな建築物が連なるノルウェー最大規模の港湾都市

　ノルウェーの首都、オスロに次ぐ第2の都市で、1070年にオーラヴ3世によって築かれた。13世紀には首都として繁栄、その後ハンザ同盟に加わり、海産物の交易の拠点として隆盛を誇る。三角屋根の木造倉庫が連なるブリッゲン地区は世界遺産に登録され、現在ではレストランやブティックが店を構えて賑わいをみせる。細い路地を曲がれば、まるで中世に迷い込んだよう。魚市場には数え切れない種類の新鮮な魚介類が並び、活気にあふれている。

基本データ　人口 約26万人　面積 約465km²

カラフルな街並

ベルゲン／ノルウェー

	2
1	3

1 世界遺産のブリッゲン地区。ハンザ同盟時代にドイツの商人の拠点となっていた。現在はブティックやレストランなどで賑わう
2 中世ヨーロッパの雰囲気漂う家々と街並
3 三角屋根とカラフルな外壁が印象的な倉庫群は何度も火災で焼け落ち、そのたびに同じように復元され、ハンザ商人の隆盛を今に伝える

ハンザ商人の隆盛を感じる歴史ある街並

現地発のツアー情報

オスロやヴォスから鉄道、船、を使ってベルゲンへ向かうフィヨルド周遊ツアーがあり、フィヨルドのさまざまな表情を短い時間のなかで見ることができる。

日本発ツアーの一例

旅の予算 15万円〜　**旅の日程** 5日間

1日目 午前、日本を発ち、コペンハーゲンへ。飛行機を乗り換えベルゲン着。【ベルゲン泊】

2日目 ベルゲンからミュールダール経由で山岳鉄道に乗り、フロムまで森や湖の景色を楽しむ。鉄道旅のあとは世界遺産のネーロイとアウルランのフィヨルドを進む2時間のフェリークルージング。そのあと、路線バスにてヴォスへ向かう。小さくてかわいらしい街を散策し、夕方、街に戻る。【ベルゲン泊】

3日目 カラフルな木造建築が建ち並ぶ旧市街、ブリッゲン地区を散策。買物や昼食を楽しんだあとは北欧らしい魚市場やハンザ博物館で歴史に触れる。【ベルゲン泊】

4〜5日目 ベルゲンから午前発の飛行機に乗り、コペンハーゲン経由で日本へ。5日目午前、日本に到着。

お泊まり情報 ホテルは港の南側に多くある。夏はフィヨルドの観光拠点としてたいへん混雑するので早めの予約は必須。

45 プローチダ島 イタリア
Procida

パステルカラーの家が海岸沿いを彩る小さな島の小さな漁村

　ナポリ港から船で30分、ナポリ湾に浮かぶ3つの島(イスキア島、カプリ島、プローチダ島)のひとつ。そのなかでも一番小さい島で、観光客は少なめ。島内には気さくな漁師たちが暮らしており、明るくて開放的な漁村だ。イタリア映画『イル・ポスティーノ』の舞台にもなった島で、とくに島の南東部に位置するコッリチェッラ地区は、海に面して約4kmにわたりパステルカラーの建物が並び、童話の世界に足を踏み入れたよう。

ローマからナポリまで飛行機で約1時間。ナポリからプローチダ島まで船で約30分

約1時間30分

基本データ　人口 約1万人　面積 約4.1km²

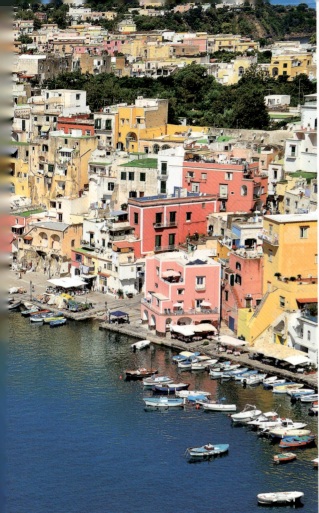

カラフルな街並 プロチダ島／イタリア

1. この島のシンボル、コッリチェッラ地区を、高台に建つサン・ミケーレ修道院から見下ろした景色はまさに絶景
2. 島内の移動は自転車が便利だが、坂道が多く、道も狭いので少々注意が必要
3. 写真の左後方に立つクリーム色の建物が、サンタ・マリア・デッレ・グラツィエ教会

昔ながらの漁村にお菓子箱のような家並が続く

現地発のツアー情報

ナポリ発着、プロチダ島でのんびり過ごす日帰りのガイド付ツアーがあるほか、ナポリに滞在しながら、カプリ島、イスキア島、プロチダ島を巡る3泊4日のツアーがある。

日本発ツアーの一例
旅の予算 20万円〜　**旅の日程** 8日間

- **1日目** 日本からローマを経由してナポリへ。【ナポリ泊】
- **2日目** 日帰りツアーで、世界遺産のポンペイ遺跡を見学し、古代ローマ文明に触れる。【ナポリ泊】
- **3日目** 港のあるポッツォーリから船に乗ってプロチダ島へ。三輪タクシーで島をひとまわりしたあとは、漁村のレストランで魚介のランチを堪能。【プロチダ島泊】
- **4日目** ナポリへ移動し、午後はツアーでアマルフィ海岸へ。【アマルフィ泊】
- **5日目** 午前中、ガゼルタを訪れ、ブルボン王宮と庭園を見学。夕方、ローマへ。【ローマ泊】
- **6〜8日目** コロッセオ、スペイン広場など、終日市内観光。【ローマ泊】7日目ローマを経ち、8日目に日本着。

お泊まり情報 島内にホテルは5軒のみで、キャンプ場が6カ所ある。夏場がシーズンなので、早めの予約を。

46 ポルトヴェーネレ　イタリア
Portovenere

美しいリヴィエラ海岸に続く
風光明媚なリゾート地

　イタリア半島のつけ根あたり、地中海に面したリヴィエラ海岸沿いにある小さな港町。チンクエ・テッレと総称して呼ばれる5つの村とともに、世界遺産に登録されている。色とりどりの家々、切り立った崖と入り組んだ海岸線が美しい、イタリアでも有数の観光地。岬にそびえ建つ石造りのサン・ピエトロ教会から望む地中海の景色は息をのむ美しさだ。イギリスの詩人、バイロンがこよなく愛した街としても有名で、どこから見ても絵になる風景が楽しめる。

基本データ　人口 約4000人　面積 約7.5㎢

| | 2 |
|1| 3 |

1 要塞都市として築かれた街。色彩豊かな家々がぎっしりと建ち並び、海岸沿いはカフェやレストランが賑やか
2 石畳が続く路地裏。散策を楽しみたい
3 12～13世紀に建築された、ジェノヴァ風ゴシック様式のサン・ピエトロ教会。重厚な石造りで、切り立った崖の上に建つ

カラフルな街並

ポルトヴェーネレ／イタリア

詩人バイロンを魅了した美しく小さな港町

現地発のツアー情報

ミラノやフィレンツェ発で、モンテロッソ・アル・マーレ、ヴェルナッツァ、コルニーリア、マナローラ、リオマッジョーレのチンクエ・テッレ(5つの村)を巡るツアーが多数ある。

日本発ツアーの一例　旅の予算 20万円～　旅の日程 8日間

1日目 夕方日本を発ち、機中泊でミラノへ向かう。

2～3日目 ミラノ到着後、鉄道でジェノヴァを経由してチンクエ・テッレにアクセス。まずはモンテロッソ・アル・マーレへ。3日目は船で、マナローラとヴェルナッツァ、ポルトヴェーネレを訪れて街を散策。サン・ピエトロ教会からの眺めを堪能する。【モンテロッソ・アル・マーレ連泊】

4～5日目 モンテロッソ・アル・マーレから鉄道でヴェネツィア(P.112)へ。5日目はゴンドラで運河クルージングを体験、リアルト橋などを見学。市内観光を楽しむ。【ヴェネツィア連泊】

6～8日目 午前、鉄道でミラノへ。午後から市内を観光。【ミラノ泊】7日目は出発までショッピング。ミラノを発ち日本へ。機中泊で8日目に日本着。

お泊まり情報　宿泊施設は海岸沿いにある。部屋から海を望めるリゾートホテルが人気。

47 ロンダ スペイン
Ronda

断崖絶壁の街

ロンダ／スペイン

切り立つ断崖上に輝くアンダルシアの白い村

基本データ 人口 約3万7000人　面積 約481km²

商店の建ち並ぶ賑やかな新市街から
イスラム時代の歴史を残す旧市街へ

　スペイン・アンダルシア地方の岩盤台地にある絶景の街。街を取り囲むのは高さ90mの断崖絶壁だ。崖上の白い街とヌエボ橋の架かる渓谷が見せるダイナミックな景観に、作家ヘミングウェイも魅了されたという。旧市街は街の南端にあり、北に広がる新市街とは深い渓谷で隔てられている。ロンダ一帯がイスラム勢力下にあった8～15世紀に旧市街の基礎が築かれた。今ではモスクやアラブ浴場などのイスラム建築はほとんど姿を消し、モスクは教会に生まれ変わっている。それでも、アンダルシア特有の白い家並のなかに、エキゾチックなアラブの趣がわずかに残る。近代闘牛発祥の地としても知られ、新市街にスペイン最古の闘牛場がある。

現地発のツアー情報

セビーリャから専用車で行く日帰りツアーがある。宿泊しているホテルの立地によっては集合場所に集まることなく迎えにきてくれるサービスもある。

感動!! 街歩き体験談　Visitor's Voice

断崖絶壁に架かる橋

標高700mもの高さにある険しい断崖に架けられたヌエボ橋が、二分された街をつないでいる絶景。断崖を麓まで下りて橋を見上げると、さらにその大きさに圧倒されます。崖の縁に建つ国営ホテル「パラドール」への宿泊もおすすめ。ロンダは、現代の闘牛の発祥地でもあるので、闘牛場も必見です。入場料を払えば自由に見学ができます。
　　　　　　　　　　　　　　スペイン政府観光局

近代闘牛の発祥地
闘牛場
Plaza de Toros

1785年に建造されたスペイン最古の闘牛場。ロンダ出身のフランシスコ・ロメロが初めて近代闘牛を行ない、各地へ広まっていった。

絶景の街のシンボル
ヌエボ橋
Puente Nuevo

18世紀に造られた旧市街と新市街を結ぶ橋。橋の上や谷底からの眺めは圧巻だ。「新しい橋」を意味し、上流にほかに2本の古い橋がある。

建築様式が混在
サンタ・マリア・
ラ・マヨール教会
Iglesia de Santa María la Mayor

モスクの跡地に15～16世紀に建てられた。元尖塔の鐘楼には、イスラム文化の影響を受けたムデハル様式が残る。

涼しい木陰や泉があり散策の途中でひと休みするには最適。切り立った崖の縁からの眺望は息をのむ

ヌエボ橋や闘牛場など周辺のスポットに近く、ロンダの谷の景観も堪能できる

イスラムの名残
アラブ浴場
Baños Arabes

イスラム時代の浴場跡。アーチが連なる屋根や星形の窓など、アラブの浴場の特徴がよく残されている。

アラメダ・タホ公園の展望台から、雄大な緑のパノラマ風景を満喫

COLUMN

伝説の闘牛士ペドロ・ロメロ

闘牛場に立つ闘牛士の像は、伝説のマタドールと呼ばれたペドロ・ロメロだ。彼の祖父は、近代闘牛の元祖となったフランシスコ・ロメロ。父から闘牛士を継いだペドロは、闘牛を芸術の域にまで高めた。闘牛士として実力を発揮し、生涯に5600頭を超す牛と戦って一度も大けがを負わなかったという。ロメロ一族の功績は、闘牛場内の博物館で触れられる。

日本発ツアーの一例

旅の予算	旅の日程
18万円〜	**8日間**

1-2日目 夜、日本を出発。パリで乗り継ぎ、2日目の午後、マドリード着。ホテル内のレストランで軽めの夕食を済ませる。【マドリード泊】

3日目 王宮やレティーロ公園を散策し、夜は、タパスとワインがおいしいバルをはしごする。【マドリード泊】

4日目 セビーリャを経由し鉄道とバスでロンダへ。断崖絶壁に建つパラドールのレストランでイベリコ豚のステーキを味わったあとは、ゆっくり過ごす。【ロンダ泊】

5日目 午前中、ヌエボ橋やアラブ浴場などをまわり、午後、鉄道でマドリードへ。【マドリード泊】

6日目 鉄道でコルドバ(P.138)へ。メスキータやアルカサル、ユダヤ人街を観光。【コルドバ泊】

7-8日目 コルドバからマドリードへ移動。午後、飛行機に乗り、パリを経由、機中泊で8日目日本に帰国。

断崖絶壁の街 ロンダ／スペイン

お泊まり情報 旧市街にホテルはなく、新市街に集まっている。ヌエボ橋のたもとに眺望抜群のパラドールがある。

48 クエンカ スペイン
Cuenca

街を挟むように流れる2本の川の上に崖の外まで突き出た建物が残る

　9世紀にイベリア半島に侵攻してきたイスラム教徒が、要塞を築いたことが街の始まり。12世紀のレコンキスタの際、カスティーリャ王国のアルフォンソ8世が街を奪回し、主産業の織物工業の発展とともに、キリスト教の文化が広まった。現在でも、ゴシック様式のクエンカ大聖堂などの宗教建築が街のいたるところに残り、スペインでも有数の華麗さを誇る聖週間の行列や、大聖堂や教会で開かれる宗教音楽祭には、多くの観光客が集まる。

パリからマドリードまで飛行機で約2時間。マドリードからクエンカまで鉄道で約1時間

パリ　日本から約12時間30分

約3時間

基本データ　人口 約5万7000人　面積 約910km²

断崖絶壁の街
クエンカ／スペイン

	2
1	3

1 標高は約1000m、フカール川とウエカル川に挟まれた石灰岩の切り立った崖の上にあり、崖下には河川の浸食と風化による奇岩が連なる
2 王家の別荘、市庁舎として使われた宙づりの家。現在はスペイン抽象美術館となっている
3 観光案内所がある旧市街の中心地。大聖堂の前の広場には、市庁舎や修道院などが並ぶ

魔法にかけられたよう、街が浮いているように見える

現地発のツアー情報

マドリード発で鉄道や専用車を利用するツアーが催行。現地には電車やバスの交通機関が少ないので専用車でまわるツアーが効率よく便利だ。

日本発ツアーの一例
旅の予算 22万円〜　**旅の日程** 8日間

1日目 午前中、日本発。パリ経由で夜、マドリード着。【マドリード泊】

2日目 プラド美術館でエル・グレコやベラスケスなどの絵画を鑑賞。【マドリード泊】

3日目 朝、鉄道でクエンカへ。中世の面影が残る街を歩き、断崖に発つ宙づりの家を見学。高架橋を渡ってたどり着くパラドール・デ・クエンカに宿泊。【クエンカ泊】

4日目 マドリードを経由し、古都トレドへ。アルカサル、カテドラルなどを訪ね歩く。【トレド泊】

5〜6日目 マドリードへ戻り、飛行機でバルセロナへ。サグラダ・ファミリア、カサ・ミラ・グエル公園などのガウディ建築を見学。【バルセロナ泊】

7〜8日目 バルセロナからパリへ。午後、飛行機に乗り機中泊で8日目に帰国。

お泊まり情報 ホテルは新市街に多い。旧市街には中世の建物を改装した高級ホテルや宙づりの家が見えるホテルがある。

49 チヴィタ・ディ・バニョレージョ イタリア
Civita di Bagnoregio

300mの長い橋の先に現れる
岩山の上に建設された古代都市へ

　ローマを州都とするラツィオ州にある、城壁に囲まれた小さな街。2500年以上前に、かつて中央イタリアを支配したエトルリア人によってつくられた都市は、凝灰石の断崖に立ち、その姿はまるで天空に浮かんでいるよう。風雨による浸食が進み崩落の危機にあるこの街には、現在は数世帯が暮らすのみ。このことから「死にゆく街」とか「滅びゆく街」などと呼ばれる。街全体は1時間ほどで歩いてまわれ、街なかのレストランでは伝統的な郷土料理を。

基本データ 人口 約20人

断崖絶壁の街
チヴィタ・ディ・バニョレージョ／イタリア

| | 2 |
|1| 3 |

1. 300m以上の長い橋を歩いて渡り、城壁で囲まれた街へ入ることができる。その遠景は、まるで空に浮かぶ街のような幻想的な雰囲気
2. レンガ造りの建物が並ぶ街並は、中世さながらの情緒にあふれている
3. 堆積層の絶壁にある街は、崩落の危険性が高いことから多くの住民が去ってしまった

「死にゆく街」と呼ばれる天空に浮かぶ要塞都市

現地発のツアー情報

ローマや近郊のオルヴィエートからの日帰りツアーがある。日本語が話せるドライバー付のものが人気だ。

日本発ツアーの一例
旅の予算 18万円～　**旅の日程** 8日間

- **1日目** 日本を昼頃に出発し、ローマに夜になって到着。【ローマ泊】
- **2日目** 現地のツアーを利用して、ローマからオルヴィエートを経由し、チヴィタ・ディ・バニョレージョへ。周辺観光なども楽しんだら、ローマへ戻る。【ローマ泊】
- **3日目** ヴァチカン市国やコロッセオなどローマの人気スポットを観光する。【ローマ泊】
- **4日目** ローマからフィレンツェへ移動。歴史的な芸術都市を散策。【フィレンツェ泊】
- **5〜6日目** フィレンツェ観光を堪能したら、ヴェネツィア(P.112)へ移動。優雅な運河の街での滞在を楽しみたい。【ヴェネツィア連泊】
- **7〜8日目** おみやげを購入したら、ヴェネツィアを出発。機中泊で8日目に日本帰国。

お泊まり情報 オルヴィエートに宿泊する。オルヴィエートからチヴィタ・ディ・バニョレージョは車で1時間ほどの距離。

50 ピティリアーノ　イタリア
Pitigliano

丘陵地帯に突如現れる中世の街にはユダヤ文化の名残が感じられる

2000年以上前に断崖の上に形成された街で、トスカーナ州の南部に位置している。かつては古代ローマによって統治され、中世ではメディチ家、オルシーニ家ら有力貴族の支配下にあった。また、16世紀になって教皇領から追放されたユダヤ人が多く逃れたことでも有名だ。ユダヤ文化が栄えた街の中には、現在もシナゴーグ（ユダヤ教会）などが見られ、「小さなエルサレム」とも呼ばれている。「イタリアの最も美しい村」のひとつに認定された。

ローマからアルビニアまで鉄道で約1時間40分。アルビニアからピティリアーノまでバスで約1時間30分

日本から✈約13時間／約2時間10分

基本データ　人口 約3800人　面積 約102km²

断崖絶壁の街

ピティリアーノ／イタリア

| | 2 |
| 1 | 3 |

1 15世紀半ばの水道橋や、16世紀頃の建造物が並ぶ。崖下に広がる緑の丘陵地帯の眺めも素晴らしい

2 中世の面影を残す、石造りの建物が軒を連ねる通りには、のんびりとした空気が流れる

3 街の中心部にあるサン・ジョルジョ広場の大聖堂は15世紀に建てられた

独自の発展を遂げた、丘の上にそびえる中世の街

現地発のツアー情報

ツアーの数はあまり多くない。フィレンツェからソラーノなど周辺の街や観光スポットに立ち寄りながら訪れるのがスタンダードなツアー。

日本発ツアーの一例　旅の予算 18万円〜　旅の日程 8日間

1日目 日本を昼頃に出発し、ローマには夜に到着。【ローマ泊】

2日目 ローマの優美な雰囲気の街や、ヴァチカン市国などを1日かけてじっくりと観光する。【ローマ泊】

3日目 ローマからフィレンツェへ移動。美術館などを見てまわる。伝統的なトスカーナ料理なども楽しみたい。【フィレンツェ泊】

4日目 ピティリアーノを日帰りで訪れるツアーに参加。名産の白ワインも忘れずにいただきたい。【フィレンツェ泊】

5日目 ヴェネツィア（P.112）へ移動。この街ならではのひとときを過ごす。【ヴェネツィア泊】

6〜8日目 ヴェネツィアを出発する前におみやげを購入する。機中泊で8日目に日本帰国。

お泊まり情報 ホテルが街に数軒ある。街を一望できる眺めの良い部屋などは早めに予約したい。

51 トロペア イタリア
Tropea

カラブリアの真珠と称される
輝く海と歴史的な街並のコントラスト

　イタリア南部、海に面した絶壁の上に建つトロペアは、神々の海岸とも呼ばれる美しい海岸線と、透き通る青い海に白い砂浜が広がる人気のビーチリゾート。バカンス客などで賑わう明るい雰囲気の街並だが、歴史は長く、紀元前9世紀頃から建設が始まり、ローマ時代に最も栄えた。歩いてまわれるほどの小さな街には、入り組んだ石畳の道や石造りの建物が残り、岩山の上にたたずむサンタ・マリア・デッリゾラ聖所記念堂は街のシンボルとなっている。

ローマからナポリまで飛行機で約1時間。ナポリからサレルノを経由して鉄道でトロペアまで約4時間30分

日本から✈約13時間

約5時間30分

基本データ　人口 約7000人　面積 約3.2km²

断崖絶壁の街

トロペア／イタリア

	2
1	3

1 夏になるとビーチは海水浴客で賑わう。海中からなら、断崖絶壁の建物がよく眺められる
2 サンタ・マリア・デッリゾラ聖所記念堂は、海に突き出た岩山に建つ小さな教会。ここからの眺望は素晴らしい
3 旧市街には細い路地が張りめぐらされている。建物は古いが、おしゃれな店が建ち並ぶ

細い路地を通り抜け、エメラルド色の海を見下ろす

現地発のツアー情報

イタリア各地から出発する、トロペアへのパッケージツアーはほとんどないが、ホテルや鉄道の予約から、送迎サービスなどをしてくれるところはある。

日本発ツアーの一例　旅の予算 25万円〜　旅の日程 7日間

1日目 日本を出発し直行便でローマへ。【ローマ泊】

2日目 名所巡りや買物などローマの街歩きを楽しむ。【ローマ泊】

3日目 鉄道でナポリへ移動。歴史ある街並散策と本場のピザを堪能。【ナポリ泊】

4日目 午後には鉄道でトロペアへ。途中ラメツィア・テルメチェントで乗り換える。【トロペア泊】

5日目 トロペアの路地をのんびり散歩しながら、教会や広場などを見学。夜はライトアップされた建物を見に行こう。【トロペア泊】

6日目 ビーチでリゾート気分を満喫。午後には鉄道でシチリア島へ。映画のロケ地巡りや世界遺産を訪ねるのもいい。【シチリア島泊】

7日目 シチリア島東部のカターニアから、飛行機でローマを経由し、日本へ帰国。

お泊まり情報　リゾート地らしく、景色の良いホテルやおしゃれな内装の宿がある。数は多くないので、観光客で混雑することも。

52 ボニファシオ　フランス
Bonifacio

穏やかで風光明媚な港町の崖の上
海面から60mの高さにある城塞都市

　地中海に浮かぶコルシカ島最南端に位置し、崖の上の旧市街と港周辺の新市街とに分かれる。旧市街は古代ローマ時代に建設され、ローマ帝国の統治下にあった。島を狙ったゲルマン民族などとの争いののち、9世紀に地名の由来であるボニファーチョ2世が城塞を築く。11世紀後半からは、ピサ共和国やジェノヴァ共和国の支配を受けた。14世紀に建てられたサン・ドミニク教会や市庁舎のあるサント・マリー・マジュール教会などが、中世の面影を今に残している。

基本データ　人口 約2500人　面積 約140km²

断崖絶壁の街 ボニファシオ／フランス

	2
1	3

1 石灰岩からなる断壁の上に建つ家々。険しい崖は波で削られつくられた。崖の左側に見えるのはアラゴン王の階段。一夜のうちに187段の階段が造られたという伝説が残る
2 入り江の奥にあり、クルージング船も多く停泊する港町。城塞を見下ろすように建つ
3 切り立った斜面の上に城壁がそびえる

激しい勢力争いの名残を今に伝える城塞

現地発のツアー情報

島の中心地アジャクシオを出発し、島内のボニファシオ、中世の街サルテーヌやコルス自然公園、海洋公園を訪れるツアーが多い。クルーズもある。

日本発ツアーの一例
旅の予算 25万円～　旅の日程 6日間

1日目 日本から飛行機でパリへ。
【パリ泊】

2日目 飛行機でアジャクシオへ向かい、ナポレオン生誕地を観光。
【アジャクシオ泊】

3日目 サルテーヌに立ち寄りボニファシオへ。クルーズで断崖絶壁にある旧市街を海から眺め、港町でコルシカ家庭料理の店やみやげ物店を巡る。【ボニファシオ泊】

4日目 長い坂を上り旧市街へ向かう。博物館やサン・ドミニク教会、サント・マリー・マジュール教会を見学し、断崖に造られたアラゴン王の階段を歩く。
【ボニファシオ泊】

5〜6日目 アジャクシオから、飛行機でパリへ移動。午後、パリを発つ。機中泊で6日目に日本帰国。

お泊まり情報　崖の上の旧市街にはパノラマの景観が楽しめるホテルがあり、新市街にはリゾートホテルがある。オフシーズンは多くが休業。

53 ロカマドゥール フランス

Rocamadour

岩壁に張り付いた石の街並は迫力満点 伝説と奇跡が残る、岩山に連なる聖域

　ロカマドゥールは初期キリスト教徒の聖アマドゥールが隠遁生活を送った地とされ、1166年に生前の姿のままの遺骸が発見されたという伝説が残る。地名もRoc（岩）＋Amadour（アマドゥール）を由来とし、崖上の城館、中腹の聖域、下部の門前町の3層からなる。聖域には聖堂と6つの礼拝堂が集まり、黒い聖母像は12世紀から数々の奇跡を起こしたという。15世紀に岩盤が崩れ教会が崩壊し一時廃墟となったが、19世紀に修復再建され、その美しい姿を取り戻した。

パリからトゥールーズまで飛行機で約1時間30分。トゥールーズから鉄道。フィジャックで乗り換え、ロカマドゥール・パディラックまで約3時間。ロカマドゥール・パディラック駅から車で約10分

日本から約12時間30分

基本データ 人口 約670人 面積 約50km²

断崖絶壁の街
ロカマドゥール／フランス

	2
1	3

1 切り立った崖と融合したかのような街の姿。石造りの城や教会、家々などは一体感がある
2 崖の中腹の聖域まで上がる216段の大階段。中世の巡礼者は悔い改めるための苦行として、祈りを捧げながら両膝だけで上がったという
3 参道脇に宿やレストラン、みやげ物のショップが並ぶ門前町は、中世から変わらない街並だ

信仰の厳しさと強さを試す岩壁の聖域への大階段

現地発のツアー情報

トゥールーズを出発し、ロカマドゥール宿泊でサン・シル・ラポピーなどの美しい村々、洞窟壁画で有名なラスコーを訪れる1泊2日のツアーがある。

日本発ツアーの一例
旅の予算 45万円～　**旅の日程** 7日間

1日目 日本からパリを経由してボルドーへ向かう。[ボルドー泊]

2日目 ボルドー市内を観光後、ワインの里サンテミリオンに立ち寄り、サルラへ移動。[サルラ泊]

3日目 サルラ観光後、ラ・ロック・ガジャック、コロンジュ・ラ・ルージュに立ち寄り、その後ロカマドゥールへ向かう。[ロカマドゥール泊]

4日目 世界遺産の教会や黒い聖母像を見学し、門前町で買物。時間があればコンク(P.236)にも足を延ばしたい。[ロカマドゥール泊]

5日目 サン・シル・ラポピーやコルド・シュル・シエル観光後、トゥールーズ(P.248)へ。[トゥールーズ泊]

6～7日目 トゥールーズを発ち、パリへ。飛行機を乗り継ぎ、機中泊で7日目に日本帰国。

お泊まり情報 村の中にいくつか宿があるが、車があるなら村の全景を遠望できる村外のホテルがおすすめ。冬季は休業が多い。

54 ベルン スイス 🇨🇭
Bern

まるで半島を囲むかのように曲がって流れるアーレ川。内側の小高い地形に残る旧市街は世界遺産

川に囲まれた街

ベルン／スイス

スイスの首都にはこのうえなく美しい旧市街が残る

| 基本データ | 人口 約12万3000人 | 面積 約51km² |

13世紀の時計塔、荘厳な大聖堂、泉や中世の家並、すべてが街を彩る

　遠くにベルナー・アルプスを望み、周囲の小高い山々を見下ろすように大聖堂の尖塔が天に届かんばかりに延びる。スイスの首都ベルンには、世界文化遺産に登録された美しい旧市街が残る。ライン川の支流であるアーレ川が大きく蛇行するその内側、わずかに小高くなった天然の要塞のような土地に、1191年に街がつくられた。領主は狩りで最初に捕らえた獲物を街の名前にしようと考えていた。仕留めたのはクマ（ドイツ語でベール）、街はベルンと名付けられる。1405年の大火ののち街は再建され、現在残る建物は18世紀に改修されたものが多いが、中世都市建築の特徴をよくとどめている。この地を訪れたゲーテは「これまで訪ねた数多くの都市のなかで、ベルンが最も美しい」と記している。

現地発のツアー情報
近隣都市からの現地ツアーは少ない。パリ、ジュネーヴ、チューリッヒから鉄道や、飛行機で行くことができ、日帰りツアーがおすすめ。

感動!! 街歩き体験談　Visitor's Voice
川沿いに建つ城からの絶景に感動！
旧市街を散策したら、体力に自信のある人は大聖堂の展望塔がおすすめ。展望台へのらせん階段は建物の外付けになっているので、階段から外がよく見えます。高所恐怖症の人にはかなりきついかも。展望台からは晴れた日には遠くアルプスを望み、眼下にはグリーンに輝くアーレ川と旧市街が一望。その美しさは必見です。
スイス在住●大塚 理佐さん

ベルン観光のハイライト
時計塔　Zytglogge
13世紀にできた城門に1530年ベルンに取り付けられた時計で、天文時計や仕掛け時計も備わっている。

市民に開かれた議事堂
ブンデスハウス　Bundeshaus
連邦議会議事堂と各省庁のオフィスが入っている。建物南側は断崖に臨んでおり、アーレ川の眺望が見事。

●イベントをチェック　Event Calendar ●
5月　ベルン・ファスナハト（カーニバル）
スイスでは3番目に盛大なベルンのカーニバル。1982年に復活したもので、捕えたクマの解放から始まる。

街歩きのお楽しみ
食▶ラクレット　raclette
とろりと溶けたチーズをナイフで削ぎ、ジャガイモやピクルスなどにからめていただく家庭料理。アニメ『アルプスの少女ハイジ』でチーズをパンにたっぷりかけて食べるシーンがおなじみ。

手記や研究資料も残る
アインシュタイン・ハウス
Einstein-Haus

アインシュタインが1903～05年に新婚生活を送った。奇跡の年、1905年には特殊相対性理論が発表された。

スイス26州を表す噴水があるブンデスプラッツ。市場やカフェも並ぶ

旧市街を一望できる公園
バラ園
Rosengarten

アーレ川を挟んで旧市街の北東の高台にある。バラの花々の美しさと旧市街の街並の景観が楽しめる。バラのほかに桜並木も見事。

スイスで一番高い尖塔
大聖堂
Münster

旧市街の中心にあり、ひときわ高い尖塔と巨大なゴシック建築が目をひく。1421年から建設が始まり時代を越え増改築された。

日本発ツアーの一例

旅の予算	旅の日程
20万円～	6日間

1日目 日本から直行便でチューリッヒへ。【チューリッヒ泊】

2日目 チューリッヒでスイス国立博物館、聖ペーター教会、グロスミュンスター、ブラウンミュンスターなどを巡る。午後、ベルンへ。【ベルン泊】

3日目 ベルン駅からトラムが走るメインストリート、シュピタル通りを歩く。脇にはヨーロッパ最長のアーケードもあり、ウインドーショッピングもできる。仕掛け人形が時を告げる**大聖堂**、**アインシュタイン・ハウス**などに立ち寄り。最後はニーデック橋を渡って、熊公園へ。【ベルン泊】

4日目 午前、ベルン駅から鉄道でジュラ地方の小さな街ビール／ビエヌへ。城壁に囲まれた旧市街を散策したり、ビール湖に点在する小さな街をクルーズ船で巡る。【ベルン泊】

5・6日目 午前、ベルンから鉄道でチューリッヒへ移動。チューリッヒから直行便に乗り、機中泊で日本へ帰国。

川に囲まれた街 ベルン／スイス

お泊まり情報 ベルンはスイスの首都。ビジネスで訪れる人も多く、駅周辺にさまざまなホテルが揃う。

55 チェスキー・クルムロフ チェコ
Český Krumlov

川に囲まれた街

チェスキー・クルムロフ／チェコ

ヴルタヴァ川とボヘミアの森に囲まれ、中世から時が止まってしまったような街並が広がる

世界遺産で蘇った街は世界一美しいと讃嘆される

基本データ 人口 約1万4000人　面積 約234km²

おとぎ話に出てくるような風景が街に近づくとそのままにぱっと開ける

　プラハの南、180km、オーストリア国境に近い南ボヘミアの森の中の小さな街がチェスキー・クルムロフだ。街はくねくねと蛇行するヴルタヴァ川に分断された南北の土地に分かれ、丸みを帯びた半島のように突き出す。北側のつけ根にはチェスキー・クルムロフ城が建つ。対岸が旧市街。パステルカラーの壁に赤茶色の屋根がかわいらしい家が並ぶ。街が最も栄えたのは16世紀、ルネサンス文化に華やいだ。17～19世紀と支配は変わり、建築様式もバロックやロココが加味された。しかし、その後は産業革命からも見放された街は荒廃し、無人と化したこともあった。街が生き返ったのは1989年の民主化以降、それからわずか3年弱で世界遺産に登録された。

現地発のツアー情報

プラハ発のバスツアーがあり、滞在するホテルまでの送迎付ツアーも。個人で鉄道利用の場合は、2回の乗り換えがあるので、日帰りならツアーがおすすめ。

感動!! 街歩き体験談 Visitor's Voice
川沿いに建つ城からの絶景に感動!

独特のミステリアスな雰囲気漂うチェスキー・クルムロフ城が、お気に入りです。ここからの眺めも必見。70mの塔から見下ろすと、蛇行するヴルタヴァ川や、赤茶色の屋根の街並が壮観で、入場料のモトは優にとれます。ほかにも、敷地内には無料の展望ポイントが数カ所あり、少しずつ角度を変える街と川の光景を楽しめます。

ユーラシア旅行社●尾崎 純さん

小さな街の大きな城
チェスキー・クルムロフ城
Zámek

中庭を囲むように40の建物が並んでいる。14世紀から19世紀にかけて増築され、時代ごとの建築様式が見られる。

チェスキー・クルムロフ城の濠の塀。彫刻されたレンガが積まれているように見える模様は漆喰壁を削って描かれている

シーレが暮らした街
エゴン・シーレ文化センター
Egon Schiele centrum

この街はエゴン・シーレの母の故郷。シーレ自身も一時期を過ごした。常設展のほかに企画展もある。

▶イベントをチェック Event Calendar◀

6月　五弁のバラの祭典

五弁のバラとは14世紀～17世紀初頭に権勢を誇ったロジェンベルク家の紋章。ルネサンス時代をしのび、人々は中世の衣装をまとい、街は屋台やイベントで賑わう。

街歩きのお楽しみ

観▶観光川下りボート Rafting

夏の国際音楽祭の期間のみ運航する川下りのボート。12人乗りで旧市街の風景を眺めながら下る。英語のガイド付もある。

唯一残るかつての城門
ブディェヨヴィツェ門
Budějovická brána

1598～1602年の建造で、かつて9つあったなかで現存する唯一の城門。要塞の役割も果たし、上層部には人が暮らしていた。

街の地ビールを堪能
エッゲンベルク醸造所
Pivovar Eggenberg

地ビール、エッゲンベルクの醸造所。工場見学をすると4種のビールの試飲ができる。レストランも併設。

ボヘミアの歴史を知る
地域博物館
Regionální muzeum v Českém Krumlově

チェスキー・クルムロフや周辺地域の文化や歴史がわかる博物館。民芸品や美術品、武器、発掘品などが展示されている。

鉛筆のような塔が目印
聖ヴィート教会
Kostel Sv. Víta

クルムロフ城から旧市街を見下ろしたとき最も目をひく建物。1593年創建のゴシック建築。内部は静かで心が洗われる。

広場に面して市庁舎が建つ
スヴォルノスティ広場
Náměstí Svornosti

蛇行するヴルタヴァ川の南側の半島の中央にある街最大の広場。北側には16世紀建造のルネサンス様式の市庁舎が建つ。

日本発ツアーの一例

旅の予算	旅の日程
11万円～	7日間

1日目 日本を発ち、ウィーンで乗り継ぎプラハ(P.152)へ。【プラハ泊】

2日目 プラハの旧市街でクレメンティヌムをはじめ、旧市街広場や火薬塔などを巡る。夜は、ヨーロッパで最古の石橋・カレル橋の夜景も。【プラハ泊】

3日目 午前、プラハから路線バスにてチェスキー・クルムロフへ。午後、ブディェヨヴィツェ門やチェスキー・クルムロフ城をはじめ、聖ヴィート教会、スヴォルノスティ広場など中世の街を巡る。【チェスキー・クルムロフ泊】

4～5日目 午前、ウィーンへ移動。旧市街を中心に街のシンボル、シュテファン寺院やゴシック、ルネサンス様式の教会を巡る。アム・ホーフ界隈の風情のある石畳の小路を歩く。【ウィーン連泊】

6～7日目 出発まではおみやげを探しながらウィーンの街を散策。午後、ウィーンを発ち、7日目に日本へ帰国。

川に囲まれた街　チェスキー・クルムロフ／チェコ

お泊まり情報　ルージェの前身は16世紀建造のイエズス会寄宿舎。ホテルは1889年に開業。

56 ヴェローナ イタリア

Verona

川に囲まれた街

ヴェローナ／イタリア

アディジェ川は、世界遺産に登録された街ヴェローナを囲むように堂々とS字に蛇行する

中世の街並に古代ローマの遺跡が溶け込む

基本データ 人口 約26万人　面積 約206㎢

2000年の歳月を見つめてきた街 夏の夜をオペラが華麗に彩る

　アルプスから流れてきたアディジェ川はヴェローナでU字型に大きく曲がって南へと下る。アディジェ川の南、右岸に開けるのがヴェローナの旧市街だ。街はすでに先史時代からあり、紀元前3世紀頃にはローマと同盟関係にあった。紀元前40年頃にはローマ都市となり、当時の遺跡が残る。そのひとつがアレーナ。古代ローマの円形闘技場跡で、現在は夏になるとアレーナ・ディ・オペラ音楽祭が開催され、オペラが上演される。中世のヴェローナは権力を持った貴族に支配されていた。14世紀のヴェローナを舞台にしたのがシェイクスピアの『ロミオとジュリエット』や『ヴェローナの二紳士』。この頃の街並がよく保存されており2000年に世界遺産に登録された。

現地発のツアー情報
ローマ、フィレンツェ、ミラノなどイタリアの主要都市から、ユーロスターなどの鉄道に乗ってヴェローナを訪れ、市内観光をするツアーが多数催行されている。

感動!!街歩き体験談　Visitor's Voice
アディジェ川と旧市街の絶景はローマ劇場から!
ブラ広場やアレーナ円形闘技場とはアディジェ川を挟んで対岸にある小さな古代ローマ劇場にも、時間があればぜひ足を運んでみてください。ここからの眺めは絶景です。見開きページにあるようなアディジェ川とその向こうの世界遺産ヴェローナの美しい街並の風景を静かな時の中に眺めることができます。
イタリア政府観光局●三浦 真樹子さん

華麗で洗練された広場
シニョーリ広場
Piazza dei Signori
中央にダンテの像があることからダンテ広場という別称もある。ここには市庁舎や権勢を誇っていたスカリジェリ家の館があった。

中世の富と権力の象徴
ランベルティの塔
Torre dei Lamberti
1172年創建。その後、改築のたびに異なる素材が使われた。街一番の高さ。

古代ローマの街の中心
エルベ広場
Piazza delle Erbe
古代ローマの中央広場。何世紀にもわたって、市場、集会場あるいは行政の中心だった。中央には噴水とマドンナ・ヴェローナの像がある。

対岸の城へと続く橋
スカリジェロ橋
Ponte Scaligero
アディジェ川に架かるレンガ造りの堅固な橋。城と同じ14世紀の建造で要塞の役目も果たした。

中世の偉大な城塞
カステルヴェッキオ
Castelvecchio
1354年にヴェローナ市民を守るための城塞として建てられた。今は市立美術館として利用されている。

● イベントをチェック　Event Calendar ●
6〜9月　アレーナ・ディ・オペラ音楽祭
1913年にヴェルディ生誕100年を記念してオペラ『アイーダ』を上演したのが始まり。3万人収容のアレーナで行なわれる夏の恒例行事。

壮大な野外劇場は圧巻
ローマ劇場と考古学博物館
Teatro Romano Museo Archeologico

アディジェ川の河畔からサン・ピエトロの丘へと続く斜面を利用した古代ローマの野外劇場。丘の上に元修道院の考古学博物館がある。

建物正面が美しい
ジュリエットの家
Casa di Giulietta

13世紀に建てられたカッペレッティ家の館。ロミオが永遠の愛を誓ったバルコニーがある。

日本発ツアーの一例

旅の予算	旅の日程
16万円～	8日間

1日目 午前、日本から直行便でローマへ。【ローマ泊】

2日目 ローマを代表する、世界遺産のコロッセオ、フォロ・ロマーノ、古都ローマを感じさせるダナヴォーナ広場、パンテオンなどを巡る。【ローマ泊】

3-4日目 ローマから飛行機で**ヴェローナ**へ。中世の街並が色濃く残る旧市街の古代ローマ遺跡**アレーナ**、アディジェ川に沿って造られた**ローマ劇場**、ピエトラ橋を見学。**ジュリエットの家**も見逃せない名所。【ヴェローナ連泊】

5-6日目 午前、鉄道でヴェローナからヴェネツィア(P.112)へ。水上タクシーまたは、バポレットに乗り換え、本島へ。ドゥカーレ宮殿、サン・マルコ寺院、リアルト橋などを巡る。【ヴェネツィア連泊】

7-8日目 午前、おみやげを探し、市内を観光。午後、ヴェネツィアを発ち、ローマで乗り換え。機中泊で8日目に日本へ帰国。

川に囲まれた街 ヴェローナ／イタリア

お泊まり情報 アレーナでオペラ鑑賞をするなら、帰路を考え徒歩圏内のホテルがおすすめ。

57 パッサウ 🇩🇪ドイツ
Passau

川に囲まれた街 パッサウ／ドイツ

イン川から見た旧市街。玉ネギ屋根の尖塔がひときわ高くそびえる大きな建物が聖シュテファン大聖堂

"三つの流れの街"を彩るバロックの華麗

基本データ 人口 約5万人 面積 約70km²

世界最大の教会オルガン
聖シュテファン大聖堂
Dom St.Stephan

1662年の大火のあと、1688年に建立。バロックの内装が豪華で優美な教会で教区の本山でもある。パイプオルガンはヨーロッパ最大の規模。

司教の館が広場を囲む
大聖堂広場
Domplatz

聖シュテファン大聖堂前の広場。中央にはババリア王の像が立つ。周囲の司教の館のなかでもランベルク宮殿ではパッサウ平和条約が結ばれた。

オーバーハウスの城塞から一望する
ヨーロッパをつないだ水路の要衝

　スイスから流れるイン川とドイツから流れ込むイルツ川、それに、ドイツの黒い森から黒海まで、17の流域国を経て、2860kmを流れるドナウ川、この3本の流れが合流するのがパッサウだ。街はオーストリア国境にあり、南や東に数kmも行けばオーストリアだ。旧市街は北にドナウ川、南をイン川に挟まれた半島のような地形の突端にある。現在残る旧市街の建物の大半は17世紀に街を襲った2度の大火のあとに造られた。1日あればまわりきれるほどの小さな街だが、聖シュテファン大聖堂に代表されるバロックの建築や装飾が美しい。聖シュテファン大聖堂には世界最大の教会オルガンがあり、初夏～秋の毎日正午から30分、パイプオルガンの音が響く。

パッサウの美しい街なかには人々が憩う噴水もある

現地発のツアー情報
近隣の都市からの現地ツアーは催行されていない。ミュンヘンからはドイツ鉄道RE快速で約2時間10分、ニュルンベルクからはICE特急で約3時間で行くことができる。

感動!! 街歩き体験談 Visitor's Voice
世界最大のオルガンのコンサートに感動
世界最大級の教会パイプオルガンが有名と聞いたので、ドナウ川沿いを歩きつつ、大聖堂をめざしました。オルガンコンサートはお昼から。白亜の大聖堂の内陣にある天井画は豪華絢爛で、その中で響き渡るパイプオルガンの音色は荘厳そのもの。キリスト教徒でもないのに、神の音色を聴いて心洗われるような心境でした。
ドイツ観光局●大畑 悟さん

街歩きのお楽しみ
観 ▶ **クルーズ** Cruise
長いものはウィーンやオーストリアのドナウ沿いの街、ドイツのレーゲンスブルクからの定期便、合流点を一周する遊覧船などがある。

旧市街を見下ろす城
オーバーハウス城塞
Veste Oberhaus

ドナウ川を挟んで旧市街の北側、丘の上にある城塞。城は1219年、パッサウの司教ウルリヒ2世により、外敵や市民の抵抗から防御するために造られた。

● 博物館
Oberhausmuseum

ガラス博物館
貴族の館を改装して19世紀から営業する。オーストリアの皇妃エリザベートも宿泊した

大聖堂広場
ヴィルダー・マン
Wilder Mann

市庁舎
● 市庁舎広場
Rathausplatz

Angerstaße
ルイトポルト橋
Luitpold Brücke

● ニーダーハウス城塞
Veste Niederhaus

聖シュテファン大聖堂

● 新司教館
Neue Bischöfliche Residenz
市立劇場
Stadttheater

アルトシュタット・ホテル
Altstadt Hotel

聖ミヒャエル教会
St. Michaelskirche

イン川
Inn

マリエン橋
Marienbrücke

Ledererg.
Schmiedg.

3万点のガラスを収集
ガラス博物館
Glasmuseum

世界最大のボヘミアングラスを所蔵。とくに1700年から1950年までの各時代のボヘミアングラスをはじめアール・ヌーヴォーのガラス製品などを収集。

38mの塔から響く鐘の音
市庁舎
Rathaus

旧市街のドナウ川の岸辺近くにある。旧市庁舎、新市庁舎、旧税関の3つの建物からなっている。ネオ・ゴシックの塔は1889～92年に追加された。

美しいバロック建築
聖パウロ教会
Stadtpfarrkirche St. Paul

創建は1050年。パッサウで最古の教区教会。17世紀の二度の大火により焼失し、現在の建物は大火後17世紀に再建。黄色とピンクに彩られた建物。

日本発ツアーの一例

旅の予算	旅の日程
10万円～	6日間

1・2日目 夜、日本を発ち、機中泊で2日目の午後ミュンヘン着。ホテル到着後、ノイハウザー通りから中心地の新市庁舎、マリエン広場周辺を巡る。【ミュンヘン泊】

3日目 午前、鉄道に乗りパッサウへ。バーンホフ通り、ルートヴィヒ通りから街の中心地大聖堂広場、聖シュテファン大聖堂、ガラス博物館、市庁舎などを巡る。【パッサウ泊】

4日目 おもちゃの街ニュルンベルクへ。中央駅駅前から続く、歩行者天国のケーニヒ通りから中広場をめざす。旧市庁舎、フラウエン教会、おもちゃ博物館を巡り、中世の街並が残るヘンカーシューテーク周辺へ。夕方、ミュンヘンへ戻る。【ミュンヘン泊】

5・6日目 午前、おみやげを探したり、周辺観光を。夕方、ミュンヘンを発ち、機中泊で6日目に日本へ帰国。

川に囲まれた街　パッサウ／ドイツ

お泊まり情報 パッサウ中央駅周辺、川周辺にも宿泊施設はある。川の合流点を望む部屋ならば早めの予約を。

58 マテーラ イタリア
Matera

岸壁に沿って密集した住居群は
天然洞窟から誕生した世界遺産

　グラヴィナ渓谷西側にあるマテーラの旧市街は、サッシと呼ばれる洞窟住居群で形成されている。もともと洞窟は、渓谷の石灰岩が自然に浸食されることでできたものだが、8〜13世紀、イスラム勢力から逃れてきた修道士が住み始め、約130もの聖堂が造られた。その後一般市民が移り住むと、洞窟前部に住居を建て増しし、洞窟住居はさらに広がっていく。街の全体像を見渡したあと、洞窟内部の見学や、ライトアップされた夜の幻想的な景観も楽しみたい。

基本データ　人口 約6万人　面積 約388km²

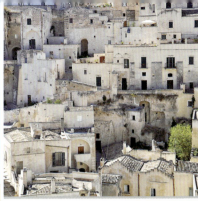

| | 2 |
|1| 3 |

1 サッソ地区はドゥオモを挟み、サッソ・バリサーノとサッソ・カヴェオーソに分かれる。教会や博物館など見どころが多いのは後者
2 強制移住により無人化した時期もあったが、近年再び住居として利用されている
3 洞窟の内部も見学でき、住人がいた頃の状態に復元されたものや聖堂なども見られる

不思議な街並

マテーラ／イタリア

無数の洞窟住居が岩山を埋め尽くす光景は圧巻

現地発のツアー情報

ナポリを出発し、マテーラを観光するツアーのほか、アルベロベッロやオストゥーニなどを1日で巡るツアーがある。

日本発ツアーの一例　旅の予算 25万円〜　旅の日程 8日間

1日目 日本を出発し、ローマで乗り継ぎ、バーリからアルベロベッロ（P.204）のホテルへ。【アルベロベッロ泊】

2日目 とんがり屋根に白壁の建物を見学する。【アルベロベッロ泊】

3日目 マテーラへ移動し、教会や博物館巡りなど、街の歴史に触れたい。夜は洞窟住宅のホテルに泊まろう。【マテーラ泊】

4日目 洞窟住宅のおしゃれなカフェでのんびりしたり、路地裏散策に出かけよう。【マテーラ泊】

5〜6日目 バーリを経由し、ローマへ。遺跡巡りのほか、イタリア料理やブランドショッピングなども満喫しよう。【ローマ泊】

7〜8日目 最後におみやげ探しを堪能したら、午後の便でローマを出発し、翌朝日本へ到着。

お泊まり情報 料金は高くないが、贅沢で快適な滞在が楽しめる宿が多い。洞窟住居を改装したホテルにぜひ泊まりたい。

59 アルベロベッロ　イタリア

Alberobello

世界遺産のメルヘンチックな家並
太陽輝くプーリア州の小さな村

　石灰で白く塗られた壁に、石灰岩が積み重ねられた円錐形の屋根、この奇妙な形の家はトゥルッリと呼ばれ、約1600ものトゥルッリが旧市街に広がっている。家屋への課税を逃れるため、領主が小作人を追い出すため、の2つの理由から簡単に解体することができる現在の形になったという。旧市街はトゥルッリの商店としての利用が多い賑やかなモンティ地区と、住居利用が多い静かなアイア・ピッコラ地区に分かれ、2時間もあれば両地区を散策できる。

ローマからバーリまで飛行機で約1時間。空港から地下鉄でバーリ中央駅まで約10分。バーリ中央駅からアルベロベッロまで鉄道で約1時間30分

基本データ　人口 約1万人　面積 約40km²

	2
1	3

不思議な街並　アルベロベッロ／イタリア

1 街は観光化されており、レストランや商店に利用されているトゥルッリは内部も見学できる
2 屋根に白く描かれた模様は、ハートや太陽、十字架などを表しており、家を区別するほか、宗教的な意味があるといわれている
3 21.5mの高さを誇るトゥルッロ（トゥルッリの単数形）が迫力のサンタントニオ教会。テラスからの眺めも素敵

石造りのとんがり屋根と白壁の家が続くおとぎ話の村

現地発のツアー情報

ナポリ発はマテーラと組み合わせた1泊2日のツアーがある。バーリまたはマテーラ発なら、白い街のオストゥーニと組み合わせた日帰りプランがある。

日本発ツアーの一例　旅の予算 17万円〜　旅の日程 8日間

1日目 夜に日本を発って、機中泊で翌日朝にナポリに到着。

2日目 ナポリでドゥオモやサンタ・キアーラ教会の見学や街歩きを楽しむ。【ナポリ泊】

3日目 日帰りでカプリ島へ。青の洞窟ツアーに参加。【ナポリ泊】

4日目 列車でマテーラ（P.202）へ。世界遺産に登録されている洞窟住宅のサッシに宿泊。【マテーラ泊】

5日目 アルベロベッロに到着。宿泊するトゥルッリに荷物を置いて、まずモンティ地区を散策。サンタントニオ教会まで歩いたら昼食。そのあとアイア・ピッコラ地区を歩く。【アルベロベッロ泊】

6日目 ローマに移動。コロッセオなど遺跡を見学。【ローマ泊】

7〜8日目 市内の観光を楽しみ、夜にローマを発つ。機中泊で8日目に日本に到着。

お泊まり情報　機能的なホテルもあるが、トゥルッリを利用したホテルが雰囲気があり、おすすめ。旧市街の中に点在する。

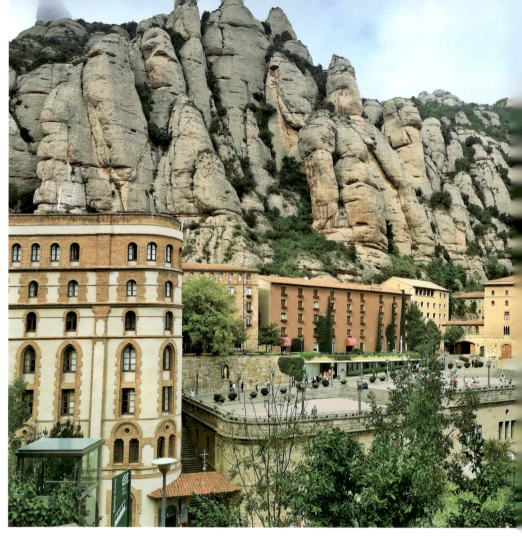

60 モンセラット　スペイン 🇪🇸
Montserrat

バルセロナから日帰りで行ける
ベネディクト派の大聖堂と修道院

　のどかな田園風景の中にそびえ立つ岩山。カタルーニャ語で「のこぎり山」という意味のモンセラットは、9世紀に山中で発見されたという黒いマリア像が人々の信仰を集め、古くからキリスト教の聖地として栄えた。神秘的な景観は芸術家たちにも影響を与え、一角にはピカソやミロなどカタルーニャ出身の画家たちの作品を集めた美術館もある。ミサでは14世紀から続く少年合唱団の歌声が大聖堂に響きわたり、宗教的中心地たる荘厳な雰囲気を感じることができる。

パリからバルセロナまで飛行機で約1時間40分。シャトルバスで市内のプラザ・エスパーニャ駅まで約20分。プラザ・エスパーニャ駅からモンセラットまで鉄道で約1時間

パリ　日本から✈約12時間
フランス　約3時間
モンセラット★　バルセロナ
マドリード
ポルトガル
スペイン
セビーリャ
マラガ
地中海

基本データ　面積 約17km²

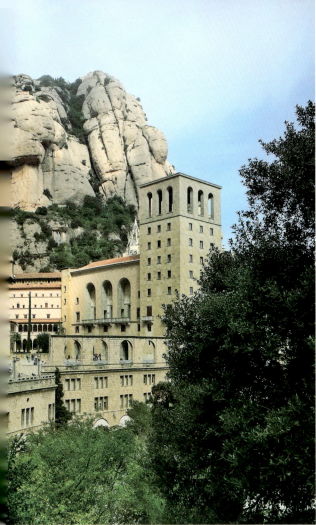
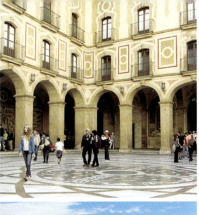

| | 2 |
| 1 | 3 |

1 巨大な奇岩の絶壁に沿うように修道院が建ち、多くの巡礼者が集う。大聖堂の黒いマリア像の見学には長い行列ができることも
2 大聖堂前の中庭「アトゥリオのパティオ」
3 ケーブルカーでサン・ジュアンの展望台へ。晴れた日にはピレネー山脈から、遠く地中海まで見渡すことができる

不思議な街並 モンセラット／スペイン

神秘の山に抱かれたカタルーニャの聖域

現地発のツアー情報

バルセロナから日帰りツアーが多数出ている。登山鉄道やロープウェイに乗ったり、ミサに参加し、少年合唱団の歌声を楽しむプランが人気。

日本発ツアーの一例　旅の予算 20万円～　旅の日程 6日間

1日目 日本から飛行機でバルセロナへ。【バルセロナ泊】

2日目 終日バルセロナ観光。サグラダ・ファミリアやグエル公園などを散策。【バルセロナ泊】

3日目 バルセロナ発の現地ツアーでモンセラットへ。大聖堂にて黒いマリア像を見学しケーブルカーで展望台へ。時間があれば美術館も訪れたい。【バルセロナ泊】

4日目 バルセロナから足を延ばし、サルバドール・ダリの美術館で有名なフィゲラスや、中世の雰囲気を残すジローナの街を巡る。【バルセロナ泊】

5〜6日目 バルセロナからヨーロッパの主要空港を経由して、日本へ。日本着は翌日の午前中。

お泊まり情報 日帰りで訪れる観光客が多いが、修道院の近くに宿泊施設などもあり、快適に過ごすことができる。

61 セテニル スペイン
Setenil

アンダルシア特有の白い家と
巨大な岩の屋根が融合した景観

　川沿いに積み重なるようにして建つ白い家々と、それらを飲みこむかのようにせり出した岩。グアダルポルシン川の浸食により形成された洞窟を住居として利用し、この奇妙な景観ができあがった。洞窟住居では、むき出しの岩肌がそのまま壁や天井になっている。街には洞窟バルもあり、人々の憩いの場だ。かつてキリスト勢力とイスラム勢力の攻防戦が繰り広げられ、歴史に翻弄された小さな街は、今では人情味あふれる素朴な田舎町となっている。

パリからマラガまで飛行機で約2時間30分。マラガからロンダまで鉄道で約1時間40分。ロンダからセテニルまでバスで約1時間

日本から約12時間30分
約5時間10分

基本データ　人口 約2850人　面積 約82km²

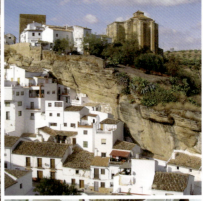

| | 2 |
|1| 3 |

1 スペインの南部、カディス県に位置し、正式な街の名前はセテニル・デ・ラス・ボデガス。観光地化されておらず、気取らない雰囲気が魅力
2 断崖絶壁の下にまるで積み重ねたかのような白い家々が建ち並び、丘の上には畑が広がる
3 せり出した岩に、いまにも押しつぶされてしまいそうな錯覚にとらわれる独特な街並

不思議な街並 セテニル／スペイン

天然の要塞として歴史に翻弄された洞窟住居の街

現地発のツアー情報

セテニルへはロンダからバスがあり、日帰りも可能。セテニル近郊の街ロンダへはグラナダ、マラガ、セビーリャなどから現地発着のツアーが出ている。

日本発ツアーの一例　旅の予算 **20万円〜**　旅の日程 **8日間**

1日目 日本からパリを経由し、飛行機でマラガへ。【マラガ泊】
2日目 終日ピカソゆかりの地を巡る。【マラガ泊】
3日目 マラガから鉄道でロンダ(P.170)へ。断崖絶壁に架かるヌエボ橋や闘牛場を観覧。【ロンダ泊】
4日目 ロンダ観光ののち、バスでセテニルへ。【セテニル泊】
5日目 終日セテニル観光。洞窟住居の中や、岩がせり出した奇妙な街並を見ながら市内を散策。【セテニル泊】
6日目 マドリードへ移動。市内観光を楽しむ。【マドリード泊】
7・8日目 マドリードからパリへ向かい、飛行機を乗り継いで日本へ。日本着は翌日の午前中。

お泊まり情報 宿泊施設は多くないが、村外れに屋外プール付の2ツ星ホテルがある。

62 レゼジー フランス
Les Eyzies

端正な街並と断崖の遺跡を歩き
人類の遙かな歴史に思いを馳せる

　先史時代の遺跡や洞窟壁画が点在する南仏のヴェゼール渓谷。その東端に位置し、洞窟群の観光拠点にもなるレゼジーは、世界で初めてクロマニヨン人の骨が発見された地としても知られる。村の背後には石灰岩の岩山がそびえ、そこに食い込むように建てられた家々が独特の景観をつくり出している。断崖の中にはクロマニヨン人の住居や豊富な展示物を誇る博物館が建てられており、のどかな村の景観を楽しみながら、人類の歴史を学ぶことができる。

基本データ　人口 約800人　面積 約37.4km²

	2
1	3

1 せり出すような断崖に、ぴったり寄り添う家々。日本では考えられない迫力ある光景だ
2 「フランスで最も美しい村」のひとつに数えられる。動物の壁画で知られるラスコーやフォン・ド・ゴームなどの洞窟遺跡も近い
3 3万5000年前にクロマニヨン人が暮らしていたという洞窟住居のアブリ・パトー

不思議な街並　レゼジー／フランス

断崖に沿うように家々が並ぶ、考古学の中心地

現地発のツアー情報

個人で訪れる観光客が多く、ツアーの数は少ない。トゥールーズ発やサルラ発で、ラスコーなどの洞窟遺跡と併せて訪れる英語でのツアーが一般的。

日本発ツアーの一例　旅の予算 30万円～　旅の日程 9日間

1日目 飛行機を乗り継ぎトゥールーズ（P.248）へ。【トゥールーズ泊】
2日目 美しい村のひとつ、サン・シル・ラポピーを散策。カオールへ移動しワインを堪能。【カオール泊】
3日目 市場の街フィジャックへ。その後ロカマドゥール（P.184）に移動し古い街並を歩く。【ロカマドゥール泊】
4日目 中世の面影が残る街サルラへ。【サルラ泊】
5日目 川と断崖に囲まれた村、ラ・ロック・ガジャックを散策後、船でレゼジーへ。【トゥールーズ泊】
6日目 国立先史博物館、アブリ・パトーを見学。ラスコーなど周辺の洞窟遺跡を巡る。【レゼジー泊】
7日目 ボルドーへ移動。ワイナリー巡りツアーを楽しむ。【ボルドー泊】
8-9日目 街並を見学し空港へ。飛行機を乗り継いで翌朝日本着。

お泊まり情報 考古学者や観光客が多いためホテルの種類は豊富。料理自慢のリゾートホテルがおすすめ。

63 ハルシュタット オーストリア

Hallstatt

岩塩の採掘により発展した
「世界で最も美しい湖岸の街」

　オーストリアの北中部、ザルツカンマーグート地方に大小70以上もの湖が点在する。そのひとつ、ハルシュタット湖の湖畔に、真珠にも例えられる美しい街がある。有史以前から岩塩の採掘地として栄え、塩が高値で取引された中世には、ハプスブルク家の直轄地として手厚い保護を受けた。伝統的な木造の建築物が状態良く維持されているのもこのためで、パステルカラーの家々や教会が湖面に映りこむ幻想的な光景は、訪れる者を別世界へと誘う。

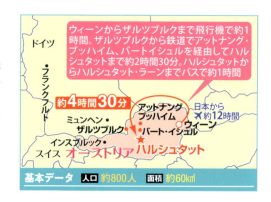

ウィーンからザルツブルクまで飛行機で約1時間。ザルツブルクから鉄道でアットナング・プッハイム、バート・イシュルを経由してハルシュタットまで約2時間30分。ハルシュタットからハルシュタット・ラーンまでバスで約1時間

約4時間30分　日本から✈約12時間

基本データ　人口 約800人　面積 約60km²

湖畔の街 ハルシュタット／オーストリア

| | 2 |
|1| 3 |

1 山と湖が調和した独特の景観美から、ハルシュタットは世界遺産にも登録されている
2 1000以上の頭蓋骨が並ぶバインハウス。墓地のスペースが限られていたため、埋葬後10～20年後に遺骨を取り出し次の遺体を埋めていた
3 山上にある世界最古の岩塩坑、ハルシュタット塩坑はいまだ現役。急勾配の滑り台などスリルも味わえる、夏季限定の坑内見学ツアーが人気

湖面に映る美しい中世の街並に、時を忘れる

現地発のツアー情報

ザルツブルク発の日帰りツアーが豊富。映画『サウンド・オブ・ミュージック』の舞台としても知られるザルツカンマーグート地方の景観も楽しめる。

日本発ツアーの一例　旅の予算 22万円～　旅の日程 7日間

1日目 日本を出発。ウィーンを経由してザルツブルク（P.226）へ。【ザルツブルク泊】

2日目 ザルツブルク観光。ホーエンザルツブルク城塞やミラベル宮殿など、見どころを巡る。【ザルツブルク泊】

3-4日目 ザルツブルクから鉄道を乗り継ぎハルシュタットへ。駅からは渡し船に乗船。4日目、霧がたちこめる早朝の湖畔を散歩。ハルシュタット塩坑の見学ツアーに参加したあとはマルクト広場周辺を散策。おみやげに岩塩を購入。【ハルシュタット連泊】

5日目 鉄道でウィーンへ。宮殿や寺院、オペラ座などを巡る。【ウィーン泊】

6-7日目 昼頃の便でウィーンを出発。機中泊で、翌朝日本に到着。

お泊まり情報 歴史ある建物を改装したホテルが、マルクト広場やゼー通り周辺に点在。景色も楽しめる湖畔のホテルが人気だ。

64 オルタ・サン・ジュリオ イタリア

Orta San Giulio

ハイライトは世界遺産サクロ・モンテと街からほど近いサン・ジュリオ島

　ミラノの北、イタリアの湖水地方と呼ばれる地域には美しい湖が点在している。そのひとつ、オルタ湖にせり出した岬の先端に広がるのがこの街だ。街の中心は湖に隣接したモッタ広場。広場から丘を登ったところにあるサクロ・モンテ(聖なる山という意)には複数の聖堂が残され、状態の良いフレスコ画などが見られる。広場から見えるサン・ジュリオ島にはロマネスク様式の教会がそびえ、その風景はじつに美しい。島へは、街からボートが出ている。

基本データ　人口 約1100人　面積 約6.8km²

| | 2 |
| 1 | 3 |

1 オルタ湖はアルプスの山々に囲まれた、面積約18km²の湖。「緑に包まれた小さな宝石」と呼ばれ、各国から観光客が訪れる
2 モッタ広場の旧市庁舎から坂を上がるとサンタ・マリア・アッスンタ教会が姿を見せる
3 サクロ・モンテにはイタリアの第2聖人・聖フランチェスコの生涯を描いたフレスコ画が

湖畔の街 オルタ・サン・ジュリオ／イタリア

澄んだ湖水に、豪奢な別荘や古い聖堂が映える

現地発のツアー情報

ミラノ発の日帰りツアーが出ている。日本語ガイド付のものや、オルタ湖のすぐ東のマッジョーレ湖周辺を訪れるものもある。

日本発ツアーの一例　旅の予算 60万円〜　旅の日程 10日間

1日目 日本からミラノに行き、そこからバスでトリノへ。【トリノ泊】
2日目 1日かけてトリノの有名な聖堂や美術館を巡る。【トリノ泊】
3日目 午前中はトリノの東にあるサクラ・ディ・サン・ミケーレ修道院を訪ね、午後はまたトリノの街を観光する。【トリノ泊】
4日目 アルプスの谷間の都市アオスタへ。アウグストゥス帝の凱旋門などの名所を見る。【トリノ泊】
5日目 オルタ湖へ向かい、**オルタ・サン・ジュリオ**を散策。船でサン・ジュリオ島に渡り、聖ジュリオを祀る教会を見る。午後はミラノへ移動。【ミラノ泊】
6〜10日目 6日目〜8日目はミラノとその近くの街パヴィアなどを観光。9日目の午後にミラノを発ち、10日目の午前に日本に着く。

お泊まり情報 湖付近に宿泊施設が集中。ほか、最寄りの国鉄駅から徒歩5分ほどの場所にヴィラ・クレスピという高級ホテルがある。

65 リンダウ ドイツ
Lindau

対岸にスイス、オーストリアを望む
水運の拠点として栄えた街

「ボーデン湖の真珠」と呼ばれる湖畔の街。旧市街はスイスとオーストリアの国境にまたがる、ボーデン湖の東端に浮かぶ小さな島に造られた。島は道路橋と鉄道橋の2つの橋で陸地と結ばれている。街の歴史は13世紀から始まり、湖を行き交う水路の中継地点として発展した。フレスコ画が描かれた聖ペーター教会や旧市庁舎など中世の面影が残る。湖畔には遊歩道が整えられており、堤防にはリンダウの象徴でもある獅子の像が立つ。

基本データ 人口 約2万4000人 面積 約33km²

	2
1	3

1 堤防から見るリンダウの街並。街を象徴する獅子の像が勇ましく立つ。黄色い模様が特徴的な灯台、マング塔も街で目をひく存在だ
2 メインストリートはマクシミリアン通り。通りを外れると入り組んだ石畳の道も散策できる
3 海から離れたヨーロッパ中部では、ウォーターフロント・リゾートとして人気がある

湖畔の街
リンダウ／ドイツ

ドイツ最大の湖に浮かぶ、郷愁を誘う小さな島

現地発のツアー情報

リンダウを訪れるツアーはほとんどないため、ミュンヘンやシュトゥットガルトなどから鉄道を利用して訪れたい。

日本発ツアーの一例　旅の予算 15万円〜　旅の日程 6日間

1日目 日本からミュンヘンへ向かう。【ミュンヘン泊】

2日目 ノイシュヴァンシュタイン城やリンダーホーフ城などを観光。【ミュンヘン泊】

3日目 朝食後、鉄道に乗り、リンダウに到着。街の鉄道に乗り換え、ボーデン湖に浮かぶ島へ向かう。石畳が続く街を散策しながら、聖ペーター教会や旧市庁舎など、旧市街を観光する。【リンダウ泊】

4日目 昼頃まではリンダウの街並を観光し、鉄道でオーストリアのブレゲンツへ。【ブレゲンツ泊】

5日目 昼過ぎにはブレゲンツを発ち、ミュンヘンへ。【ミュンヘン泊】

6日目 午前、市内を観光し午後の便でミュンヘンを発ち日本へ。

お泊まり情報　島にも駅中心に10カ所以上ホテルがあるため不便はない。

66 イヴォワール フランス
Yvoire

レマン湖の真珠と謳われる
可憐な花の村

　アルプスの麓、ヨーロッパ第2の面積を持ち、フランスとスイスの国境となっているレマン湖のほとり。30分ほどでひと周りできる小さな村に、14世紀に要塞化された際の城壁や石造りの建物が数多く残る。バルコニーに花壇に、通りの各所に花々が飾られ、物語の世界のような街並が広がっており、美しい花の村として多くの観光客の人気を集めている。湖畔のイヴォワール城にある、視覚、嗅覚などそれぞれの感覚で楽しめるという五感の庭も見もの。

基本データ 人口 約820人 面積 約3km²

湖畔の街 — イヴォワール／フランス

| | 2 |
|1| 3 |

1 レマン湖畔は風光明媚なリゾート地で、イヴォワールはそのなかでもとくに高い人気を誇る
2 石造りの街並をゼラニウムや藤の花が埋め尽くす光景は、フランスで行なわれる「花の村」コンテストで、毎年高い評価を受けている
3 湖沿いに建つ11世紀創建の教会。銀色の尖塔が周囲を見守る

国境の湖のほとり、石造りの街並を花々が飾る

現地発のツアー情報

スイスのジュネーヴ発で、遊覧船でイヴォワールへ行く日帰りコースが主流。イヴォワール内の観光案内所では、ガイドツアーを行なっている（要予約）。

日本発ツアーの一例　旅の予算 40万円〜　旅の日程 7日間

1日目 チューリッヒを経由しジュネーヴへ。ジュネーヴからバスで、レマン湖右岸にあるモントルーへ。【モントルー泊】

2日目 午前はオードリー・ヘプバーンなど著名人が暮らした美しい街モルジュへ。湖畔に広がるワイナリーで昼食をとる。緑深い谷間にあるロマンモティエで、スイス最古の修道院などを見学する。【モントルー泊】

3日目 遊覧船に乗り、水の街エヴィアンへ。イヴォワールへ移動し、昼食。イヴォワール城の五感の庭などを見学したのち、チューリッヒへ戻る。【チューリッヒ泊】

4〜7日目 4〜6日目はチューリッヒ市内や、近郊にある世界遺産の街ベルン、見どころたっぷりのルツェルンを観光する。6日目夕方発の日本への直行便に乗り機中泊。7日目に日本に到着

お泊まり情報 軒数は少ないが、村内にB&B、ホテル、長期滞在用のアパートなど、さまざまな種類の宿泊施設がある。

67 ブリエンツ スイス
Brienz

スイス・アルプスの麓に広がる街を湖と木彫り彫刻が飾る

　ブリエンツ・ロートホルン山への蒸気機関の登山鉄道の起点となる街で、木彫り工芸が盛んなことでも知られる。深い緑の山の麓に、アルプスから集めたエメラルドグリーンの水をたたえるブリエンツ湖に沿って、木造の家の木肌が目立つ街並が広がっている。街なかを歩けば、木彫りの彫刻、魚の鱗のような装飾、花の鉢植えなどで飾られた、かわいらしい家が次々に目に入る。遊覧船で美しい湖畔の景色をたっぷりと楽しむこともできる。

基本データ　人口 約3000人　面積 約48km²

湖畔の街並
ブリエンツ／スイス

	2
1	3

1 美しい湖畔や山並が広がる車窓を楽しめるツェントラル鉄道の拠点となる駅でもある
2 木造家屋の家が並ぶ街並。軒先に飾られた花が美しいのは春から秋にかけての時季
3 湖畔の散歩道や通りのところどころに置かれた木彫りの像や、道案内の標識にも彫刻が施され、屋外ギャラリーのよう

美しい湖が広がる山麓に、木肌の家が建ち並ぶ

現地発のツアー情報

ブリエンツのみでのツアーは少数。近隣地区で行なうトレッキングなどのアクティビティやブリエンツ湖を渡る遊覧船と合わせたコースが主流。

日本発ツアーの一例
旅の予算 22万円〜 **旅の日程 6日間**

1日目 日本から飛行機でチューリッヒへ。【チューリッヒ泊】

2日目 チューリッヒ市内を終日観光。【チューリッヒ泊】

3日目 チューリッヒからルツェルンに向かい、特急列車ゴールデン・パスで**ブリエンツ**へ。ロートホルン鉄道や遊覧船からの街と自然の景色を楽しんだあと、宿泊地のベルンへ向かう。【ベルン泊】

4日目 世界遺産の街、ベルン(P.186)市内を観光。中世からの歴史的建物を眺める。おみやげ探しや、チーズを使った料理などを堪能する。【ベルン泊】

5・6日目 早朝便を利用し、1都市もしくは2都市を乗り継ぎ日本へ向かう。朝早く少し体が大変だが、飛行機内でしっかり睡眠をとり、6日目に日本へ帰国。

お泊まり情報 軒数は少ないが、ハウプト通り沿いに宿泊地が多い。市街地を少し離れると古民家を利用したB&Bもある。

68 サンマリノ
San Marino サンマリノ

山あいの街　サンマリノ／サンマリノ

山手線の内側よりも小さな国に、年間300万人以上の観光客が訪れる。旧市街からの景色も魅力的

イタリアを見下ろす山上の小さな共和国

基本データ 人口 約3万人　面積 約61km²

4世紀に生まれた世界最古の共和国
半日でまわれる小さな世界遺産の街

　イタリア半島中部、周囲をぐるりとイタリア国土に囲まれた小さな共和国。人口は約3万人、面積約61km²の世界で5番目に小さな国だ。4世紀初頭、ローマ帝国によるキリスト教弾圧を逃れるため、石工職人マリーノはティターノ山に隠れ住んだ。やがて信徒が集い生まれた共同体が共和国の起源という。国土の西寄りにそびえる標高755mのティターノ山の山上に、戦火を免れた中世の街がある。路地のように細い急勾配の石畳の坂道は観光客であふれ、骨董品店やみやげ物屋が賑やかに沿道を飾る。国旗にデザインされた3つの砦やバシリカなどの建造物が、長い歴史を伝える。晴れた日に街の随所で見晴らす、緑の丘陵とアドリア海の遠望は絶景のひとこと。

現地発のツアー情報

ボローニャ発、少人数から催行される専用車を利用した日帰りツアーがある。現地ガイド付、フリータイムを重視したものなどがあるので事前に調べてからの予約を。

感動!!街歩き体験談　Visitor's Voice

テーマパークのようなリトルワールド

旧市街の入口のフランチェスコ門をくぐると、突然、石造りのレトロな世界が始まります。コンパクトな街並に、骨董品店やおみやげ物屋さんが賑やかに並んで、まるでおとぎの国に来たみたい。消費税がないのもうれしいですね。見晴らしはとにかく抜群。なかでも山の端にある要塞からは、遮るもののない絶景パノラマが楽しめます。

フリーライター●遠藤 優子さん

守護聖人を祀る聖堂
サンマリノ大聖堂
Basilica del Santo

建国時期の4世紀に創建された聖堂で、現在の建物は1836年の再建。主祭壇には国の守護聖人マリーノの聖遺物を安置している。

衛兵交代式を見学
政庁
Palazzo Pubblico

サンマリノの政治の中枢機関。壁画などで装飾された内部を見学できる。夏季には建物前で衛兵交代式を行なう。

共和国の歴史を知る
国立博物館
Museo di Stato

サンマリノの歴史を物語る考古学資料、中世から近代に描かれた国内やイタリア人作家の絵画や彫刻を展示する。

眺めの良い広場
リベルタ広場
Piazza della Liberta

政庁前にある広場。リベルタとはイタリア語で「自由」。国の自由と独立のシンボルである自由の女神像が立つ。

政庁前の広場で行なわれる衛兵交代式。6～9月に30分または1時間ごとに見られる

街歩きのお楽しみ

観 ▶ **ロープウェイ** Funivia

山上の旧市街入口へはバスで行けるが、麓の街からロープウェイも利用できる。眼下の街並やイタリアの山並、アドリア海のパノラマ絶景をゆっくりと楽しめる。

絵はがきでおなじみ
ロッカ・グアイタ
Rocca Guaita

3つの砦で最も古い11世紀の建造。15世紀に起きた共和国最後の戦争で重要な役目を果たした。1975年まで牢獄として使用された。

見晴らしは抜群
ロッカ・モンターレ
Rocca Montale

尾根の頂に築かれた14世紀の砦。遠方を偵察する見張り塔の役割を果たし、牢獄にも使われていた。現存の建物は20世紀の再建。

一番高い場所の砦
チェスタの塔
La Cesta

山の最高所に13世紀に建造された砦。中央はほかの砦同様に五角形。内部は武器の博物館になっている。

COLUMN

記念に入国スタンプを

サンマリノ共和国は入国審査不要だが、希望者には有料で記念の入国スタンプを押してくれる。リベルタ広場近くのインフォメーションで、パスポートにスタンプとカラフルな収入印紙を貼られる。オリジナル・デザインのユーロ硬貨や切手もおみやげに人気。家族や知人に珍しい切手で絵はがきを出してみては。

日本発ツアーの一例

旅の予算 13万円〜　　**旅の日程** 6日間

1日目 日本からローマを経由しボローニャ(P.244)へ。【ボローニャ泊】

2日目 午前は赤レンガの街ボローニャを観光。午後は国立絵画館で中世の芸術に触れ、夜はボローニャ歌劇場でオペラを観劇。【ボローニャ泊】

3日目 午前、ボローニャからサンマリノへ向かう。午後、旧市街とロッカをゆっくり歩いて巡る。100年以上前の格式のあるホテル、ティターノへ。【サンマリノ泊】

4日目 午前、ボローニャへ戻る。午後はアルキジンナージオ通りやダゼグリオ通りでおしゃれで旬な小物探しを。美食の街ボローニャでの最後の夜は豪華にイタリアン・レストランでディナーをいただく。【ボローニャ泊】

5・6日目 5日目午後、飛行機に乗り、ローマを経由して、6日目午前、日本に帰国。

お泊まり情報 日帰りでも観光できるが、旧市街のホテルに泊まり、静寂に包まれた夜の街並を楽しんでみたい。

69 ザルツブルク オーストリア
Salzburg

高台に建つ城塞・ホーエンザルツブルク城からは、中世の面影を残す旧市街の街並を一望のもとに

山あいの街

ザルツブルク／オーストリア

教会都市から生まれた壮麗な音楽の聖都

基本データ 人口 約15万人　面積 約66km²

モーツァルトも歩いた美しい街並
宮殿や教会建築に街の歴史を刻む

　雄大なアルプスを望むオーストリア北西部の街は、天才作曲家モーツァルトを生み、映画『サウンド・オブ・ミュージック』の舞台となった音楽の都。古代ローマ時代より岩塩の交易で栄え、9世紀には大司教区となり、以来、約1000年にわたって歴代大司教が統治。現在の街の基礎を築いた。往時の繁栄ぶりは、ザルツァッハ川左岸の旧市街「ツェントラル」で感じられる。ローマ宮殿風の大司教のレジデンツや、大聖堂をはじめとするバロック建築が、重厚な街の雰囲気をつくり上げた。旧市街一賑わうゲトライデ通りには、モーツァルトの生家が大切に保存され、周辺にはカフェやショップが鉄細工の優雅な装飾看板を掲げ、道行く人の目を楽しませている。

現地発のツアー情報
ウィーン、フランクフルト、ミュンヘンから日帰りバスツアーが催行されている。ミュンヘンからが最も近い。日本語ガイドのツアーもある。

感動!! 街歩き体験談 Visitor's Voice
音楽が身近に感じられる街
　壮大なホーエンザルツブルク城塞は、どこから見ても違う景色が味わえるので必見です。ザルツブルクは映画『サウンド・オブ・ミュージック』の街。観光しながら、ここも映画で見た！と感動できて、一石二鳥。モーツァルト・ディナー・コンサートでは17世紀のレシピによる料理が出て、モーツァルトの音楽と当時の料理が楽しめます。
オーストリア政府観光局●シャノー・ネビンさん

おしゃれな看板が並ぶ
ゲトライデ通り
Getreidegasse
旧市街の目抜き通り。雑貨屋などのショップ、カフェ、レストランが並び、建物の間には細いパッサージュ（路地）が延びる。

ゆかりの品を展示
モーツァルトの生家
Mozart Geburtshaus
1756年にモーツァルトが生まれ、1773年に転居するまで暮らした家。愛用のバイオリンや自筆の楽譜などを展示。

巨大で荘厳な内部
大聖堂
Dom
774年の創建で、現在のバロック建築は17世紀の再建。モーツァルトが洗礼を受け、のちにオルガン奏者を務めた。

街歩きのお楽しみ
観▶**観光馬車** Fiaker
街の風景にぴったりのおしゃれな2頭立ての馬車で、旧市街の主要観光スポットを巡るツアーが観光客に人気。レジデンツ広場で待機している。所要時間は20分ほど。

街のシンボル的存在
モーツァルト広場
Mozartplatz

広場中央に立つモーツァルト像は、没後50年の1842年に造られた。広場を取り囲むように、カフェやレストランが並ぶ。

大司教の豪華な居城
レジデンツ
Residenz

1595年にデートリヒ大司教が築いた宮殿。モーツァルトが演奏したという騎士の間など、豪華な内部を見学可能。

街の歴史の出発点
ザンクト・ペーター教会
St. Peter Stifskirche

最初にこの地で布教を始めたルベルト司教が696年に建てた僧院教会。内部のフレスコ画、墓地の美しさでも知られる。

コンサートも開催
ホーエンザルツブルク城
Festung Hohensalzburg

メンヒスベルク山頂に設けられた防衛拠点。中世ヨーロッパの城塞建築が往時のまま保存されている。内部に博物館もある。

● COLUMN
ザルツブルク音楽祭

ザルツブルクの夏は音楽祭一色に包まれる。7月下旬から8月下旬までの5週間、ウィーン・フィルハーモニーをはじめとする世界有数のオーケストラや指揮者が集う音楽の祭典。モーツァルトのオペラをはじめ、演劇や交響楽など、クラシックから現代芸術まで幅広く披露され、世界各国から音楽ファンが訪れる。

日本発ツアーの一例 ✈

旅の予算	旅の日程
12万円〜	7日間

1・2日目　日本をから飛行機でウィーンへ。皇妃エリザベートゆかりの場所、旧王宮やヘルメスヴィラなどを巡り、老舗カフェでザッハトルテをいただこう。【ウィーン泊】

3日目　ウィーンの旧市街を巡る。夜はウィーン国立歌劇場でオペラ鑑賞。【ウィーン泊】

4日目　午前、ウィーンから鉄道で**ザルツブルク**へ。到着後、**モーツァルト広場**、**大聖堂**、**レジデンツ**などを巡る。夕暮れ前にケーブルカーで**ホーエンザルツブルク城**へ。城からの市街地、周辺の山々を眺めよう。【ザルツブルク泊】

5日目　午前、ザルツブルクから鉄道でミュンヘンへ。到着後は市内観光。【ミュンヘン泊】

6・7日目　6日目午前に、ミュンヘンから飛行機に乗り、機中泊。7日目に日本に帰国。

🏨 **お泊まり情報**　ザルツブルク中央駅周辺や新市街にホテルが多く集まる。川岸には5ツ星ホテルが並ぶ。

70 ハル・イン・チロル オーストリア
Hall in Tirol

帝国時代に塩と銀貨で繁栄
喧騒を離れて自然豊かな街を歩く

　チロル州の州都インスブルックから東へ5km。アルプスの雄大な山並に抱かれた街は、13世紀に岩塩産地として、また、イン川を利用した交易地として栄えた。ハプスブルク帝国の重要地となった15世紀に多くの教会や修道院が建ち、今日の旧市街が形作られた。貨幣鋳造所も置かれ、米ドルの起源となった大型銀貨ターラーが造られた。小一時間もあればまわれる小さな旧市街に観光客はまばら。緑あふれ、石畳や石段の続く中世の街をのんびり散策できる。

基本データ　人口 約1万3200人　面積 約5.5km²

山あいの街

ハル・イン・チロル／オーストリア

| | 2 |
|1| 3 |

1 賑やかな州都のほど近くなのに素朴で自然が豊か。台地上にあるため坂道や石段が多い
2 13世紀末創建の教区教会。ゴシックとバロックが融合した豪華な装飾が見られる
3 14世紀建造のハーゼック城にあるミュンツ塔。見張り塔だっただけに上からの眺望は格別だ。15世紀以降に貨幣鋳造所が設けられた

チロルの緑に調和したのどかなハプスブルクの街

現地発のツアー情報

とくにツアーはなく、インスブルック、ゼーフェルト、サンクト・アントン、レッヒから、ドイツのミュンヘンからも専用バスが出ている。

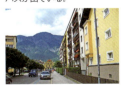

日本発ツアーの一例 旅の予算 17万円〜 旅の日程 8日間

1・2日目 日本からウィーンを経由しインスブルックへ。2日目、終日インスブルックの旧市街を巡る。【インスブルック連泊】

3日目 午前、バスで**ハル・イン・チロル**へ。教区教会、市庁舎、ハーゼック城、ミュンツ塔など中世の街並を散策。午後、インスブルックに戻り、鉄道でザルツブルク（P.226）へ移動。【ザルツブルク泊】

4日目 終日、モーツァルトの生誕地である音楽の街・ザルツブルクでゆかりの名所を巡る。【ザルツブルク泊】

5・6日目 午前、鉄道でウィーンへ移動。午後、王宮周辺の街へ。6日目はバスでバッハウ渓谷へ日帰りツアーに参加。【ウィーン連泊】

7・8日目 午前、市内を観光。午後、飛行機でウィーンを発ち、機中泊で8日目に日本帰国。

お泊まり情報 観光客のあまり多くない小さな街なのでホテルは少ない。州都インスブルックからの日帰り観光客が多い。

71 サン・ジミニャーノ イタリア
San Gimignano

建ち並ぶ塔は繁栄の時代の証し
保存状態の良好な中世の街並

　トスカーナの小高い丘にある「美しき塔の街」。林立する高い塔は、街が隆盛した13世紀に、貴族らが富と権力をアピールするため競って建てたものだ。街は14世紀以降の内乱や流行病で一気に衰退。発展を止めた中世の街並がそのまま残された。27本を数えた塔は14本に減ったものの、今も圧倒的な存在感を示している。古い教会や邸宅の並ぶ、映画のワンシーンのような石畳の路地を歩き、立ち寄った街角のバールで特産の白ワインを味わいたい。

基本データ　人口 約7000人　面積 約138km²

山あいの街

サン・ジミニャーノ／イタリア

```
|     | 2 |
|  1  |---|
|     | 3 |
```

1 中世の貴族らが、高さや豪華さを競った塔が丘の街に建ち並ぶ。城壁に囲まれた旧市街は車両通行禁止。世界遺産に登録されている

2 丘の頂点で街の中心に位置するチステルナ広場。中世の美しい邸宅や塔が取り囲む

3 街で一番高いグロッサ塔に上れば、旧市街とトスカーナの田園風景の広がりを満喫できる

貴族たちの富と力を象徴する中世の摩天楼

現地発のツアー情報

フィレンツェから専用車で行くツアーが催行されている。ピサやシエナもいっしょにまわることのできるツアーもある。

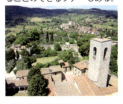

日本発ツアーの一例

旅の予算 18万円～　**旅の日程** 7日間

1日目 日本からローマを経由してフィレンツェへ。【フィレンツェ泊】

2日目 「花の都」と呼ばれる芸術の街並を巡る。聖母教会ドゥオモ、ウフィツィ美術館など。【フィレンツェ泊】

3日目 専用バスでオリーブの林やブドウ畑の田園風景を車窓から眺めながら、トスカーナ地方の村々を立ち寄って**サン・ジミニャーノ**へ向かう。【サン・ジミニャーノ泊】

4日目 出発まで14の塔を見学。午後は列車でフィレンツェに戻る。【フィレンツェ泊】

5日目 鉄道でアッシジへ。中世の街並と門前町の賑やかな雰囲気に浸る。【アッシジ泊】

6～7日目 鉄道でローマまで移動。午後、飛行機でローマを発ち、機中泊で7日目に日本帰国。

お泊まり情報 中世の街並に溶け込んだ旧市街のホテルがおすすめ。郊外にはトスカーナの自然に包まれたホテルが点在する。

72 アルバラシン スペイン
Albarracín

中世の繁栄から時が止まった村に
淡い色彩を放つ漆喰の家並

　海抜1200m、深い峡谷に囲まれた小さな村。古代ローマからの歴史を持ち、イベリア半島のイスラム支配時代に繁栄。村からほど近い山頂には、中世の栄華をしのばせる城跡があり、周囲には城壁も残る。高地のため、石よりも軽い木と漆喰で造られた建物は、長い年月を経て赤茶色に染まり、幻想的な家並をつくり出した。スペインの哲学者ホセ・オルテガ・イ・ガセトが「息をのむシルエットで天空にそびえ立つ都市」と描写したことでも知られている。

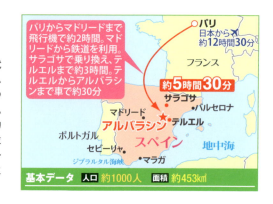

パリからマドリードまで飛行機で約2時間。マドリードから鉄道を利用。サラゴサで乗り換え、テルエルまで約3時間。テルエルからアルバラシンまで車で約30分

日本から約12時間30分
約5時間30分

基本データ　人口 約1000人　面積 約453km²

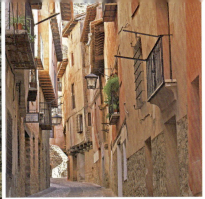

	2
1	3

1 ブーメラン状に家が連なる。近代的な要素が一切ない、中世の街並を散策できる
2 毎年10万人を超える観光客がアルバラシンを訪れる。公共交通機関でのアクセスが難しいためレンタカーがおすすめだ
3 断崖の上に建つ街。まるで映画のワンシーンのような光景で、観光客を魅了する

山あいの街
アルバラシン／スペイン

独特の地形が織りなす山々に囲まれた天然の要塞

現地発のツアー情報

リンダウを訪れるツアーはほとんどないため、マドリードやバレンシアなどから鉄道を利用して訪れたい。

日本発ツアーの一例　旅の予算 18万円～　旅の日程 6日間

1日目 日本からパリを経由し、マドリードへ。【マドリード泊】

2日目 プラド美術館やマドリード王宮などマドリード市内を観光。【マドリード泊】

3日目 朝食後、レンタカーでクエンカ（P.174）へ。世界遺産にも登録された歴史的城塞都市を観光したあと、アルバラシンに近いテルエルへ向かう。【テルエル泊】

4日目 テルエルから西へ約40kmのアルバラシンへ。自然に囲まれた小さい村で、旧市街の雰囲気を味わう。【アルバラシン泊】

5日目 昼過ぎにはアルバラシンを出発し、バレンシアへ向かう。【バレンシア泊】

6日目 昼までの便でバレンシアを発ち、パリで飛行機を乗り継ぎ日本へ帰国。

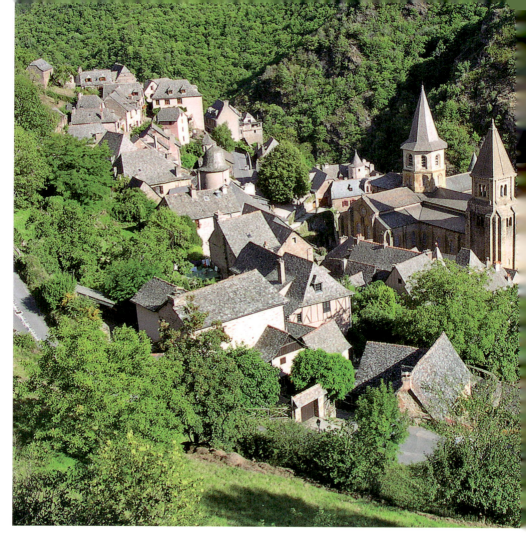

73 コンク フランス
Conques

ロマネスクの教会とともに中世の姿と敬虔な雰囲気を残す、聖女を祀る地

　南仏の山間部にあり、スペインのサンティアゴ・デ・コンポステーラへの巡礼路の重要な拠点のひとつ。9世紀にコンク出身の修道士が村の繁栄を願い、近郊の街アジャンから聖女フォワの聖遺物を盗み出したところ（当時、聖遺物の盗難は聖人が移葬を望んだためと正当化された）、その加護で多くの巡礼者が参拝に訪れるようになったという。壮大な教会と山に寄り添って連なる中世の街並が大切に保存され、随所に見られる巡礼の象徴・ホタテ貝の意匠も印象的だ。

基本データ　人口 約270人　面積 約30km²

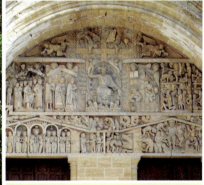

| | 2 |
|-1-| 3 |

1 11世紀建造のサント・フォワ教会。4世紀頃12歳で殉教した聖女フォワに捧げられたもので、宝物館にはその遺骨を納めた黄金の聖女像が
2 石造りの建物や石畳の坂道が残る街並は、より高い位置の道路や駐車場から全景を見渡せる
3 教会入口のタンパンに彫られた「最後の審判」。右が地獄、左が天国で聖女フォワの姿も

山あいの街

コンク／フランス

緑豊かな山々の間に、巡礼の村は静かにたたずむ

現地発のツアー情報

トゥールーズを出発し、コルド・シュル・シエルとコンクを訪れる日帰りや、コンクに宿泊してミディ・ピレネー地方をまわる1泊2日のツアーがある。

日本発ツアーの一例　旅の予算 30万円〜　旅の日程 8日間

1日目 日本から飛行機でトゥールーズ(P.248)へ。【トゥールーズ泊】
2日目 コルド・シュル・シエルとアルビで街並を観光後、コンクに到着。教会と宝物館を閉館時間前に見学し、散策へ。【コンク泊】
3日目 ロカマドゥール(P.184)で教会を見学。崖にあるサン・シル・ラポピーに立ち寄り、カルカソンヌ(P.84)へ。【カルカソンヌ泊】
4日目 シテと呼ばれる歴史的城塞都市と、ヨーロッパ最大級の城壁を観光。【カルカソンヌ泊】
5日目 ルルドへ移動。聖堂や奇跡の水が湧く洞窟を見学。【ルルド泊】
6日目 トゥールーズへ移動。美術館などを見学。【トゥールーズ泊】
7-8日目 午前、市内を観光。昼にトゥールーズを発ち、機中泊で8日目に日本に帰国する。

お泊まり情報 村にホテルは数軒。昼間の賑やかさと打って変わる静かな夜は風情がある。教会近辺の宿泊なら中世ムードを満喫できる。

74 デュルビュイ ベルギー
Durbuy

石畳の道や建物、家の窓を彩る草花 まるで絵本のような世界が広がる

　ベルギー南東部アルデンヌ地方のウルト渓谷の中の標高400mほどに位置する。夏は涼しく、観光客が多く訪れる。デュルビュイ伯の城館が9世紀に建てられたのが始まりで、1331年に「市」の称号が与えられた。中世に建てられたウルセル伯爵城や聖ニコラ教会、今の郷土資料館である穀物取引所などの歴史的建造物も残っている。観光バスや春から10月にかけて運行されるミニトレインで行ける丘の上の展望台からは、小さな箱庭のような中世の街を見渡せる。

パリから飛行機でブリュッセルまで約50分。ブリュッセルから鉄道を利用。リエージュで乗り換え、バルヴォーまで約2時間10分。バルヴォーからデュルビュイまで車で約10分

約3時間10分 パリ　日本から✈約12時間30分

基本データ　人口 約1万人　面積 約160km²

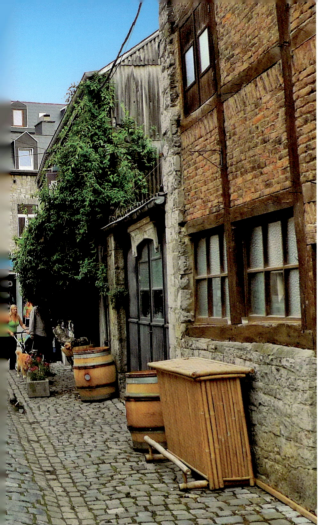

山あいの街

デュルビュイ／ベルギー

	2
1	3

1 石畳の細い小道沿いには、石造りの家々のほかにも雑貨店やカフェなどが並ぶ
2 旧市街は、アルデンヌ高地を流れるウルト川沿いに位置する。穏やかで清らかなウルト川では、カヤックも楽しめる
3 17世紀に建てられたウルセル伯爵城は、小さな街を見下ろすかのように建つ

清らかな水と深い緑に囲まれた小さな田舎街

現地発のツアー情報

ブリュッセルを出発し、ナミュール、ディナン、デュルビュイなどのアルデンヌ地方の古城や村を日本語ガイドと巡る日帰りツアーがある。

日本発ツアーの一例　旅の予算 **20万円～**　旅の日程 **6日間**

1日目 日本からパリを経由しブリュッセルへ。【ブリュッセル泊】

2日目 ブルージュ(P.120)で観光し、ナミュールへ。【ナミュール泊】

3日目 ディナンに立ち寄ったあと、アルデンヌの古城を巡り、デュルビュイへ移動。ウルト川沿いの散策やウルセル伯爵城、聖ニコラ教会、マルクロフのビール醸造所を見学。【デュルビュイ泊】

4日目 樹木を刈ったオブジェが並ぶトピアリー公園やカフェ、雑貨店を巡り、サン・タムールジャム工房で名物のたんぽぽジャムを購入。ブリュッセルへ移動。【ブリュッセル泊】

5〜6日目 ブリュッセルのグランプラスで観光してから、午後、ブリュッセルを発ち、パリへ。飛行機を乗り換え、機中泊で6日目に日本帰国。

お泊まり情報 小さな街のわりにホテルは多い。街並に合うよう、古い建物を利用したホテルもある。

75 シエナ イタリア
Siena

レンガ色の街並

シエナ／イタリア

高さ102mのマンジャの塔の上からは、扇状のカンポ広場とレンガ一色の街の大展望を満喫できる

レンガ造りの「シエナカラー」と芸術に染まる中世の都

基本データ 人口 約5万3000人 面積 約118km²

世界一美しい広場を包み込む
芸術都市のレンガの街並

　イタリア・トスカーナ地方の丘の上に築かれた古都。中世にヨーロッパ随一の金融都市となり、隣国フィレンツェと覇権を競うまでに繁栄した。最盛期の13～14世紀には、ドゥオモや市庁舎などの大建築が続々と生まれ、ゴシックの影響を受けたシエナ派芸術がこの地で花開いた。16世紀にはフィレンツェに吸収されてしまうが、一地方となったシエナは街の開発が停滞し、シエナカラーと呼ばれるレンガ造りの街並が保たれることとなった。中世の姿をとどめる街全体が世界遺産に登録されている。旧市街の中心、ゴシック建築に囲まれたカンポ広場は、世界で最も美しい広場と称される。建物が照明でオレンジに染まる夜、広場は昼間とは別の魅力に包まれる。

現地発のツアー情報
フィレンツェからシエナをはじめ、ピサやサン・ジミニャーノなども巡る日帰りツアーがある。トスカーナ地方はワインの産地でもあるのでワインとグルメも楽しめる。

感動!!街歩き体験談　Visitor's Voice
ドゥオモ内付属美術館の展望テラスも必見
シエナカラーの世界遺産の街の眺めを楽しむなら、カンポ広場のマンジャの塔のほかにもう1カ所おすすめがあります。広場や塔も見えるドゥオモ付属美術館のファッチャトーネ屋上展望テラスです。階段もテラスも狭いので混雑の際は要注意。ドゥオモ内のピッコローミニ家図書室もたいへん美しいフレスコ画が飾られており一見の価値あり。
イタリア政府観光局●三浦 真樹子さん

ゴシック建築の傑作
ドゥオモ
Duomo

12世紀から約200年かけて建設された聖堂。外壁の大理石装飾、床のモザイクや説教壇など見どころが豊富。

ドゥオモ芸術の集大成
ドゥオモ付属美術館
Museo dell' Opera Metropolitan

ミケランジェロの『ピエタ』、ドナテッロの聖歌隊席など、かつてドゥオモを飾った彫刻や絵画、宝物などを展示。

● イベントをチェック　Event Calendar ●

7月2日と8月16日　パリオ祭
コントラーダと呼ばれる地区で争う裸馬の競馬レースがパリオ。カンポ広場を会場に、年に2回催される。広場は見物客で埋め尽くされ、熱狂の渦に包まれる。

街歩きのお楽しみ
食▶パンフォルテ Panforte
13世紀から変わらぬレシピで作られるシエナの伝統菓子。フルーツの砂糖漬やナッツ、香辛料をはちみつでまとめて焼いた甘いお菓子で、街のあちこちで売られている。

カンポ広場では、観光客や地元の人が腰を下ろし、思い思いにくつろぐ姿を見かける

独立広場
P.za Indipendenza

現在の噴水はレプリカ。オリジナルは市庁舎内にある

シエナ大学
Università di Siena

ガイアの泉
Fonte Gaia

★ カンポ広場

プップリコ宮/市庁舎
(市立美術館)

マンジャの塔
Torre del Mangia

メルカート広場
P.za del Mercato

チッタ通り
Via di Città

中世の街並を楽しめる通り

★ 国立絵画館

0　50m

世界一美しい広場
カンポ広場
Piazza del Campo

旧市街の中心にある扇形の広場。レンガの地面がゆるやかに傾斜し、中央にはガイアの泉の噴水。取り囲む歴史建築が中世の趣を感じさせる。

102mの塔がそびえる
プップリコ宮/市庁舎(市立美術館)
Palazzo Pubblico/Palazzo Comunale

13世紀末〜14世紀前建造のゴシック様式の市庁舎。2〜3階は美術館でシエナ派の絵画を展示。隣接するマンジャの塔から街を一望できる。

シエナ派作品が一堂に
国立絵画館
Pinacoteca Nazionale

14世紀を中心にシエナで活躍したシエナ派の作品が豊富。シモーネ・マルティーニの『聖母子』など大作揃い。

レンガ造りの街並が美しい旧市街。中世の頃の街に舞い降りたよう

レンガ色の街並
シエナ/イタリア

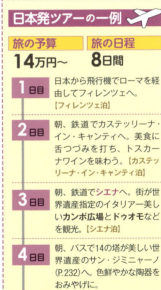

日本発ツアーの一例 ✈

旅の予算	旅の日程
14万円〜	8日間

1日目 日本から飛行機でローマを経由してフィレンツェへ。【フィレンツェ泊】

2日目 朝、鉄道でカステッリーナ・イン・キャンティへ。美食に舌つづみを打ち、トスカーナワインを味わう。【カステッリーナ・イン・キャンティ泊】

3日目 朝、鉄道でシエナへ。街が世界遺産指定のイタリア一美しいカンポ広場とドゥオモなどを観光。【シエナ泊】

4日目 朝、バスで14の塔が美しい世界遺産のサン・ジミニャーノ(P.232)へ。色鮮やかな陶器をおみやげに。【サン・ジミニャーノ泊】

5〜6日目 午後、バスでフィレンツェへ。ドゥオモを中心としたルネサンス文化の栄華をしのばせる名所を観光。【フィレンツェ連泊】

7〜8日目 午後、アムステルダムを経由、機中泊で8日目に日本へ帰国。

🏠 **お泊まり情報** パリオ祭りの時期は混み合うので、半年以上前に予約したい。

76 ボローニャ　イタリア
Bologna

レンガ色の街並 ボローニャ／イタリア

かつてはレンガ色の旧市街を城壁が取り囲んでいたが、20世紀初めに幹線道路に造り替えられた

中世の街並に連なるレンガ色のアーケード

| 基本データ | 人口 約38万人 | 面積 約140km² |

回廊のようなポルティコを歩いて
のんびりウインドーショッピング

　交通の要衝に位置し、12世紀以降に自治都市として大いに繁栄した北イタリアの都市。ヨーロッパ最古の大学が生まれた学問の街、あるいは食材豊富なグルメの街で知られるが、ボローニャを最も魅力的にしているのは、旧市街に張りめぐらされたレンガや石のアーケード「ポルティコ」だ。幾本もの柱やアーチが連なり、ゴシックやルネサンスなど各時代を映す多様なデザインが見られる。ポルティコの総延長は約40km。道行く人を雨や日差しから守り、ときには商売やパフォーマンスの場として、今も生活に溶け込んでいる。旧市街の見どころである歴史建築は、マッジョーレ広場の周辺に集まっている。各教会を荘厳に飾る宗教芸術も見応えがある。

現地発のツアー情報

ミラノから鉄道で行く日帰りツアーがある。午前中には到着するのでまずは旧市街を観光。午後は、自由行動ができる。美食の街でもあるのでランチタイムも十分楽しめる。

感動!! 街歩き体験談　Visitor's Voice
欧州初の大学の貫録ここにあり!

ポルティコが街に多いのは、中世に増加した大学生のため部屋を2階に増築した名残。旧ボローニャ大学アルキジンナジオ宮殿に入口の中庭の優美さに誘われ入ってみると、廊下天井は大学に在籍した学生の家紋が誇らしげに埋め尽くし圧巻!初の人体解剖教室はまるで劇場のように美しく、学術都市の歴史に浸れるおすすめの場所です。

　　　　　　　　　　イタリア政府観光局●三浦 真樹子さん

広場の時計塔が目印
▍市庁舎(コムナーレ宮)
Palazzo Comunale

もとはボローニャ大学の教授の居館で、2008年まで市庁舎として利用された。現在は礼拝堂や市立美術館がある。

街の見どころが集中
▍マッジョーレ広場
Piazza Maggiore

中世の時代からの街の中心地で、市庁舎や王宮、大聖堂など重要な歴史建築が広場を取り囲んでいる。

宗教芸術の宝庫
▍サン・ペトロニオ大聖堂
Basilica di San Petronio

14世紀に建設が始まり、今も未完の壮大な建物。ゴシック様式の身廊内に、「聖母とキリスト」などの傑作彫刻が見られる。

現在は市立図書館
▍旧ボローニャ大学
Palazzo della Archiginnasio

1088年創設のヨーロッパ最古の大学。欧州各地の学生が学んだ。建物は17世紀の建築で、世界初の人体解剖を行なった教室が残る。

街歩きのお楽しみ
食▶ボロネーゼ　Spaghetti alla Bolognese

日本でミートソースとしておなじみの「ボロネーゼ」は、ここボローニャの名物ソース。地元では平打ち麺のタリアテッレやラザニアなどの生パスタで味わう。

建物に歴史が凝縮
ポデスタ館とエンツォ王宮殿
Palazzo del Podestà e Palazzo di Re Enzo

ポデスタ館はローマ帝国が派遣した行政長官の館で、のちに首長の事務所となった。エンツォ王宮殿にはローマ皇帝の息子が幽閉された。

涼しげなの憩いの場
ネプチューンの泉
Fontana del Nettuno

マッジョーレ広場の中央にあり、街の守護神である海神ネプチューン像がある。若者たちの待ち合わせスポット。

ボローニャの斜塔の周辺では、独創的なポルティコが多く見られる

- ポデスタ館とエンツォ王宮殿
- ボローニャ中央駅から中心部まで約1km。バスNo.25、No.30などで行ける
- ネプチューン広場 Piazza del Nettuno
- マッジョーレ広場
- サン・ペトロニオ大聖堂
- 旧ボローニャ大学
- 賑やかでおしゃれな店が多い
- 人気のイタリアブランドが軒を連ねるアーケード
- サント・ステファノの教会群
- サン・ドメニコ教会
- 学生街のメインストリート。ボローニャの斜塔からボローニャ大学の学部が並ぶ
- とくに中世の雰囲気を味わえるエリア

上から市街を一望
ボローニャの斜塔
Torri di Bologna

皇帝派貴族が権威を示すため、12世紀に建てた2つの塔。高いほうの97mのアシネッリの塔は約500段の急階段で上まで上れる。

多様な様式を持つ
サント・ステファノの教会群
Santo Stefano

7つの建物が集まり、古いものは5世紀にさかのぼるという。ローマ、ビザンチン、中世ランゴバルトなど各時代の建築様式が入り交じっている。

フレスコ画も圧巻
サン・ドメニコ教会
San Domenico

聖ドメニコがボローニャで没後に建造された。ドメニコの石棺彫刻のうち、天使像などはミケランジェロの作品。

日本発ツアーの一例 ✈

旅の予算	旅の日程
18万円〜	7日間

1・2日目
日本からローマを経由してフィレンツェへ。2日目は、ルネサンス文化の栄華をしのばせる名所を終日観光。【フィレンツェ泊】

3日目
午前、鉄道でボローニャへ移動。見どころのマッジョーレ広場周辺の市庁舎、サン・ペトロニオ大聖堂などをまわったあとは、ラザニアなどボローニャの郷土料理とワインで乾杯。【ボローニャ泊】

4・5日目
午前、専用車でエミリア・ロマーニャ州の食品工場を見学して、夜、ヴェネツィアへ(P.112)。5日目はサン・マルコ広場周辺を観光、夜は魚介類が豊富な地元のヴェネト料理をいただく。【ヴェネツィア泊】

6・7日目
午前、ローマへ向かう。機中泊で7日目に日本へ帰国。

レンガ色の街並 ボローニャ／イタリア

お泊まり情報 旧市街には、屋上テラスを備えた眺望自慢の宿やクラシックなインテリアの宮殿ホテルもある。

77 トゥールーズ　フランス
Toulouse

美しい街並や歴史遺産に恵まれた
ミディ・ピレネー地方の中心都市

　街の歴史は紀元前に始まり、ローマ属州、西ゴート王国の首都を経て、交易や産業で各時代ごとに繁栄を築いてきた。現在は最先端航空産業の拠点としても有名。フランスを代表する大学都市でもあり、活気あふれる雰囲気も魅力だ。街にはレンガ造りの建物が連なり、薄いピンク色のレンガの美しさから「バラ色の街」と称される。キャピトルと呼ばれる市庁舎や、世界遺産のサン・セルナン・バジリカ聖堂、大西洋と地中海を結ぶミディ運河など見どころも多い。

基本データ　人口 約45万人　面積 約118km²

	2
1	3

<u>1</u> ガロンヌ川から見た街並。遊覧船に乗って、水上からの景色を楽しむのもおすすめ
<u>2</u> 独特な景観のレンガ造りの街並は、建築資材に適した石が採れないために生まれた
<u>3</u> 16世紀に建てられた豪商の館、アセザ館。現在は美術館として利用され、ボナールなどの作品を所蔵している

レンガ色の街並 トゥールーズ／フランス

バラ色のレンガに彩られた壮麗な古都

現地発のツアー情報

トゥールーズ発着のツアーが組まれており、世界遺産に登録されている街カルカソンヌやアルビ、周辺の美しい村などを巡るバスツアーなどが人気。

日本発ツアーの一例

旅の予算 30万円〜　**旅の日程** 8日間

1日目 日本から飛行機でトゥールーズへ。【トゥールーズ泊】

2日目 トゥールーズ観光。キャピトルやサン・セルナン・バジリカ聖堂、ミュージアムなどを巡り歴史散歩を楽しむ。【トゥールーズ泊】

3日目 バスツアーでフランスの美しい村、コルド・シュル・シエルとコンク（P.236）へ。その後アルビへ移動。【アルビ泊】

4日目 世界遺産である司教都市アルビを観光し、カルカソンヌ（P.84）へ。【カルカソンヌ泊】

5日目 世界遺産、城塞都市カルカソンヌを観光。【カルカソンヌ泊】

6日目 カトリックの巡礼地ルルドへ。【ルルド泊】

7〜8日目 トゥールーズに戻り名産のスミレグッズを購入。翌日帰国。

お泊まり情報 大都市であるトゥールーズは宿泊施設が充実。サービスや料金など希望に合うホテルが見つかる。

78 ライ イギリス 🇬🇧
Rye

どこか懐かしい空気が漂う
港町の面影を残した中世の街並

　12世紀には栄えた港町であったが、海岸線が後退したため内陸の街になった歴史を持つ。石畳の路地やレンガ造りの建物など、かわいらしい街並が人気。イギリスで最も美しい街のひとつとされる。ロンドンからは1時間強、街をまわるには数時間と、観光の手軽さも魅力だ。アンティークの街としても知られ、街の西側には素敵なアンティークショップが軒を連ねる。丘の上にある教会の屋上からは、赤い屋根の連なりと、のどかな田園風景が見晴らせる。

基本データ 人口 約4100人　面積 約4.2km²

レンガ色の街並
ライ／イギリス

| | 2 |
|1| 3 |

1 レンガ造りの家や、ハーフティンバーと呼ばれる木組みの家が並ぶ。こぢんまりした街だが、著名人にも愛される人気の観光地だ
2 歴史ある時計台を持つセント・メアリー教会。内部のステンドグラスは見どころ
3 1420年に再建された歴史あるホテル、マーメイド・イン。内装は中世の雰囲気たっぷり

素朴で愛らしい、イギリスの素顔に心がときめく

現地発のツアー情報

ロンドン発のバスツアーなどに参加すると、周辺の観光名所もまわることができて便利。アクセスは難しくないので個人での日帰り旅行も可能だ。

日本発ツアーの一例　旅の予算 30万円〜　旅の日程 6日間

1日目 日本から飛行機でロンドンへ。【ロンドン泊】

2日目 鉄道を利用してライへ。雰囲気のあるティールームやカフェ、アンティークショップなどに立ち寄りながら、かわいらしい街並の散策を楽しむ。セント・メアリー教会の屋上からは街全体を一望する。カンタベリーへ鉄道で移動。【カンタベリー泊】

3日目 イギリス国教会最大の巡礼地、カンタベリーを観光。世界遺産のカンタベリー大聖堂や歴史的建造物などを巡り、ロンドンへ戻る。【ロンドン泊】

4〜6日目 ロンドン観光を楽しむ。博物館や美術館をまわり、公園や街を散策。次の日はおみやげ探しのショッピングを楽しみ、飛行機で日本へ。

お泊まり情報 マーメイド・インなどの歴史あるホテルや、オーナーの温かみが感じられるB&Bがおすすめ。

Photo Credits

©ユーラシア旅行社：P.15, P.23［下右］, P.35, P.38［中］［下］［サレヤ市場］［カーニバル］, P.39, P.44［カジノ］, P.45［上左］［下］, P.48［下］［カリソン］, P.49［下］［シェネラル・ド・ゴール広場］［セザンヌ像］, P.52［上］［中］, P.53［上］, P.57, P.60［中］, P.61［上右］［下］, P.65［下］, P.68［上中］［中］［下右］［下左］, P.69［上右］［上左］［運河のある街］, P.74, P.75［上］［中］, P.82［上］, P.86［上］［下］［カスレ］, P.87［上］［下右］, P.88, P.90［上］［中］［下］, P.91［下］, P.98［上］［下］［クルーズ］, P.99［上から4点］, P.102, P.103, P.120, P.144, P.148, P.150［上］［中］［下］［クルーズ］, P.154［上］［下］, P.155［中］［下］［天文時計］, P.156,P.158［下］, P.192［上］［下］, P.193［下右］, P.196［上］［ヴェローナ野外音楽祭］, P.197［下］, P.200［上］, P.201［下右］, P.222, P.226［中］, P.229［下］, P.242［上］［バンフォルテ］, P.243［上右］, P.246［上］［中］, P.247［中］

Flickr http://creativecommons.org/licenses/by/2.1/jp/legalcode
Nicolas Winspeare：Cover/ Heribert Pohl：P.16,P.18［上］,P.19［上］/ Lars Steffens：P.18［上］,P.19［中］/ Roger Wollstadt：P.18［下］/ barockschloss：P.18［フランケンワイン］/ dierk schaefer：P.19［下右］/ Roger Wollstadt：P.19［下中］/ Roman Scheiwiller：P.19［下左］/ 陳 好酸：P.22［上］/ Torsten Maue：P.22［中／下］/ Moyan Brenn：P.22［夜景ツアー］/ Frank Kovalchek：P.22［シュネーバル］/ traveljunction：p.22［クリスマス］/ Christine Olson：P.23［上右］/ Peter Collins：P.23［上左］/ Frank Kovalchek：P.23［中］/ Duca：P.23［下左］/Dustin Hammond：P.28,P.29［上］［下左］/ ilovebutter：P.29［中］/ Roger Wollstadt：P.29［下右］/ Allie_Caulfield：P.31［中］/ Tim Dobbelaere：P.33［上］/ Ben Garrett：P.33［中］/ Marco Assini：P.33［下］/ Olga Khomitsevich：P.34 / Kurt Bauschardt：P.36 / Spencer Wright：P.38［上］/ Paul Downey：P.38［ソッカ］/ Denis Bocquet：P.39［上］/ Groume：P.39［中］/ Paul Wilkinson：P.39［街並］,P.122［チョコレート］/ Tim Gage：P.39ミゼリコルド礼拝堂］/ Dennis Jarvis：P.39［アンティーク市］, P.40/ Party Lin：P.41［上］,P.84,P.86［上］, P.87［下右］,P.94［上］,P.96,P.98［下］,P.108,P.123［下右］,P.126［上右］/ Jeremy Couture：P.41［中］/ ID Number THX 1139：P.41［下］/ Paul Downey：P.42/ hellolapomme：P.44［上］/ stephane martin：P.44［下］/ Bev Sykes：P.44［モナコ・ツアーズ］/ Citizen59：P.45［上］/ Artur Staszewski：P.45［中］/ Andrea Schaffer：P.46 / Elliott Brown：P.48, P.49［上］［中］［下］, P.53［中／下］,P.60［上／コッツウォルド・バフューマリー］,P.61［上左／中／右／馬車タクシー］,P.144［下／ロバタクシー］,P.145［中］［下］,P.172［上］［中］,P.197［中］/ Connie Ma：P.48［中］/ Axel Brocke：P.49［上］/ Dan McKay：P.50/ jean-louis/Zimmermann：P.52［下］/ Tracy：P.52［中央市場］/ Alberto Gragera：P.53［通り］/ Allie_Caulfield：P.53［ポン・デュ・ガール］/ Andrea Schaffer：P.54/ Andrea Schaffer：P.54［中］/ Anna & Michal：P.55［下］/ Steve Slater：P.56/ Sean Dunne：P.58/ net_efekt：P.60［下］/ Karen Roe：P.61［バードランド］/ Jon Mountjoy：P.62/ Casper Moller：P.63［上］/ Karen Roe：P.63［中］, P.65［中］/ Charles D P Miller：P.63［下］/ Paul Pichota：P.64 / Hugh Llewelyn：P.65［中］/ Blake Patterson：P.66 / Dave Snowden：P.67［上］/ Wendy Cutler：P.67［中］/ bongo vongo：P.67［下］/ baldeaglebluff：P.72［上］/ David van der Mark：P.72［中］/ regan76：P.72［下］/ Akira Takiguchi：P.68 / Jessica Gardner：P.68［上左］, P.111［中］/ MARIA ROSA FERRE：P.69［上左］/ Bossi：P.69［中］/ Maurizio Zanetti：P.69［下右］/ Andrea Passoni：P.69［下左］/ David van der Mark：P.73［上］/ baldeaglebluff：P.73［中］/ Will Clayton：P.73［下］/ Jose Antonio Moreno Monge：P.76 / Steven Straiton：P.78［上］/ Jim Bowen：P.78［中］/ Boca Dorada：P.78［下］/ Angel Abril Ruiz：P.79［上］/ Eduardo Pitt：P.79［中］/ deepstereo：P.79［下］/ Carlos de Paz：P.79［ゲート］/ Jose Antonio Moreno Monge：P.79［カテドラル］/ Ann Wuyts：P.80 / Kyle Taylor：P.82［中］/ Pablo Nieto：P.82［下］/ Kyle Taylor：P.83［上右］/ Allie_Caulfield：P.83［上左］/ endless autumn：P.83［中］/ Julio Gago：P.83［下］/losmininos：P.91［中右］/ Larry Wentzel：P.91［中左］/ Son of Groucho：P.92 / galio：P.94［上］/ Juan Fernández［マサパン］/ juantiagues［ベルディス］/ Ramón：P.95［上］［コラム］/ Turol Jones, un artista de cojones：P.95［中］/ Kevin Poh：P.95［下］/ Bengt Nyman：P.100 / Dan：P.104 / Hugh Llewelyn：P.106［上］/ David Clay：P.106［中］/ Graham：P.106［下］/ Julia：P.106［ゴースト・ツアー］/ Sarah Sutherland：P.107［上右］/ Charles D P Miller：P.107［上左］/ John Robinson：P.107［中］/ Freddie Phillips：P.107［下（ヨーク・キャッスル）］/ David Brooks：P.107［下（ヨーク・キャッスル博物館）］/ Alain Rouiller：P.110［上］/ Ramón：P.110［中］/ Websenat：P.110［陶器］/ Rina Sergeeva：P.111［中］/ amateur photography by michel：P.111［下］/ gnuckx：P.112/ Gerry Labrijn：P.114［上］/ Son of Groucho：P.114［下］/ fra_cas：P.114［カーニバル］/ warlikeangel：P.114［ゴンドラ］/ (Waiting for) Godo：P.115［上］/ Sébastien Bertrand：P.115［中］/ Andrew and Annemarie：P.115［下］/ Rob Young：P.115［教会］/ Kieran Lynam：P.115［広場］/ Markus Trienke：P.116/ Stefan W：P.118［上］/ Mathieu Nivelles：P.118［下］/ Anna & Michal：P.118［クリスマスマーケット］,P.173［上］,P.243［上左］/ Detlef Krause：P.118［クルーズ］/ Patrick Nouhailler：P.119［上右］/ Maxence Lagalle：P.119［上左］/ shinji_w：P.119［下］/ Neil Thompson：P.122 / Smabs Sputzer：P.122［下］/ David Merrett：P.122［クルーズ］/ Keith Laverack：P.122［レース］/ Wolfgang Staudt：P.123［上］/ Neil Thompson：P.123［中］/ David Merrett：P.123［下右］/ Ashwin Chandrasekaran：P.124/ Robert Scarth：P.126［上］/ Paul Asman and Jill Lenoble：P.126［下］/ Jannes Glas：P.126［国王の宴］/ Alix Guillard：P.126［サイクリング］/ Dave Winer：P.126［ブローチェ］/ David Evers：P.126［上左］/ Raquel Baranow：P.126［中］/ Edward Dalmulder：P.126［下］/ PhotoBobil：P.128 / bertknot：P.129［上］［下］/ TijsB：P.129［下］/ Steenbergs：P.130 / Dan：P.131［下］/ Nick S.：P.131［中］/ Gerwin Sturm：P.131［下］/ K.ristof：P.132 / Esther Westerveld：P.131［中］/ Torsten Maue：P.131［中］/ Marcus Meissner：P.131［下］/ Richard Martin：P.134, P.137［上］［中］/ Glen Scarborough：P.136［上］/ Jenny：P.136［中］/ Christina Milioni：P.136［下］/ jojo：P.137［下］/ Charlie Dave：P.137［エーゲ海洋博物館］/ Jose Gonzalez：P.138 / Nicolas Vollmer：P.140［上］/ ArminFlickr：P.140［中］/ Graham Stanley：P.140［パティオ祭］/ Javier Lastras：P.140［サルモレホ］/Turol Jones, un artista de...：P.141［上／カラオーラの塔］/Allie_Caulfield：P.141［下］/ David Baron：P.141［アルカサル］/ Ato ARAKI：P.144［上］,P.145［上右／上左］/ carla vidal：P.144［中］/ Kyle Taylor：P.146 / Bernt Rostad：P.147［上］/ Kyle Taylor：P.147［中］/ lele3100：P.147［下］/ Office Pug Girl：P.151［下右］/ de Tourisme de Colmar：P.151［下左］/ Robert Young：P.152［下］/ elPadawan：P.154［中］, P.155［中］/ alcuin lai：P.155［下左］/ Tony Hisgett：P.155［旧市庁舎］/ Jodi Mullen：P.158［上］/ andersbknudsen：P.158［クリスマスマーケット］,Patrik Neckman：P.158［屋根歩きツアー］,Karl Baron：P.158［ミートボール］, Clemens v. Vogelsang：P.159［上右］/Miguel Virkkunen Carvalho：P.159［上左］/ Susanne Nilsson：P.159［上］/ Allie_Caulfield：P.159［下左］/ Matthias Ripp：P.160/ tak.wing：P.161［上］/ lydiadehn：P.161［中］/ Matthias Ripp：P.161［下］/ Thomas Quine：P.162/ Angelo Romano：P.163［上／下］/ Phil Walsh：P.163［下］/ Giorgio Giorgetti：P.164/ Giorgio Giorgetti：P.165［上］［中］/ Jonas Smith：P.165［下］/ 2benny：P.166 / ho visto nina volare：P.167［上］/ g.sighele：P.167［中］/ ho visto nina volare：P.167［下］/ Bev Sykes：P 168/ Chris Hunter：P.169［上］/ picdrops：P.169［下］/ Jason OX4：P.169［下］/ Ronnie Macdonald：P.170 / Grand Parc-Bordeaux,Fran：P.172［下］/ Antonio：P.173［中］/ Manuela Aguilera：P.173［下］/ Tomás Fano：P.174,

P.175[上] / M.Peinado：P.175[中] / Jocelyn Kinghorn：P.175[下] / Siri Spjelkavik：P.176/ ho visto nina volare：P.177[上] / GIOVANNI VOLPATO：P.177[中] / fortherock：P.177[下] / Michela Simoncini：P.178/ Jose Gonzaleze：P.178[上] / Giacomo Boschi：P.178[中／下] / simo0082：P.180/ bettyx1138：P.181[上]［中］/ Luca：P.181[下] / Patrick Nouhailler：P.182,P.183[上]［中］,P.185[中] / flrnt：P.183[下] / dynamosquito：P.184/ Krzysztof Belczyńskir：P.185[上] / Ruth Temple：P.185[下] / Yola Simon：P.186/ Alberto Gragera：P.188[上] / Tnarik Innael：P.188[中] / creanita：P.188[下] / jespahjoy：P.188[ラクレット] / Cha già José：P.189[上右] / Daniel Lobo：P.189[上左] / Harshil Shah：P.189[下] / mk_is_here：P.190/ Bernt Rostad：P.192[観光川下りルポート] / Allie_Caulfield：P.193[上],P.201[上] / Bernt Rostad：P.193[中] / mk_is_here：P.193[下左] / Serge Bystro：P.194/ Richard Gillin：P.196[中] / Alex：P.196[下] / Paolo Villa：P.197[上] / Heribert Pohl：P.198/ Gary Bembridge：P.200[中]［下］/ Blue：P.201[下左] / Francesca Cappa：P.202/ Giorgio Galeotti：P.203[上] / Loris Silvio Zecchinato：P.203[中] / pululante：P.203[下],P.205[上]［下］/ Alfonso Minervino：P.204/ Daniel Enchev：P.205[中] / TJ DeGroat：P.206/ Jocelyn Kinghorn：P.207[中] / José Luis Sánchez Mesa：P.208/ manuelfloresv：P.209[上] / Samu：P.209[中] / Joao Alves：P.209[下] / keskyle70：P.210/ Ben Salter：P.211[上] / Marie Thérèse Hébert & Jean...：P.211[中] / Jiuguang Wang：P.212/ weissersterier：P.213[上] / Reisender1701：P.213[中]［下］/ Pb_80：P.214/ Selden Vestrit：P.215[上] / Andrea Passoni：P.215[中] / François Philipp：P.215[下] / Cody：P.216/ Pixelteufel：P.217[上] / Kiefer.：P.217[中] / Curimedia：P.217[下] / Alain Rouiller：P.218/ Sjaak Kempe：P.219[上] / Javier Kohen：P.219[中] / Patrick Nouhailler：P.219[下] / Rennett Stowe：P.220/ Andrew Bowden：P.221[上] / Craig Stanfill：P.221[中］[下] / Jan Krömer：P.224[上] / Luigi Rosa：P.224[中] / Giorgio Minguzzi：P.224[下] / Antonio Manfredonio：P.224[ロープウェイ] / Vlad Ivanov：P.225[上右] / Giorgio Minguzzi：P.225[左中] / Martin Holland：P.225[下右] / fdecomite：P.225[下左] / Trishhhh：P.228[上] / Groume：P.228[下] / Groume：P.226[上] / thisisbossi：P.230/ thisisbossi：P.231[上]［中］/ Ted Chi：P.231[中] / Michela Simoncini：P.232/ Justin Ennis：P.233[上] / Michela Simoncini：P.232[中]［下］/ Diego Delso：P.234/ Randi Hausken：P.235[上] / Turol Jones, un artista de cojones：P.235[中] / jean-louis Zimmerma nn：P.236/ Phillip Capper：P.237[上] / syvwlch：P.237[中] / Suzanne：P.237[下] / zoetnet：P.238/ kismihok：P.238[上] / TijsB：P.238[中] / Esther Westerveld：P.238[下] / David McSpadden：P.240/ Sztuka Dwadziesciaczteryh：P.242[中] / Janus Kinase：P.242[バリオ祭][バンフォルテ] /Houang Stephane：P.243[下] / raffaele sergi：P.244/ Michele Ursino：P.246[下] / dbgg1979：P.246[ボロネーゼ] / yuka HAYASHI：P.247[上] / Tiberio Frascari：P.247[下右] / Francesco Gasparetti：P.247[上右] / Pistolero31：P.248,P.247[下] / Javier Valero Iglesias：P.249[中] / Tony Hisgett：P.250/ Jim Linwood：P.250[上] / Phillip Capper：P.250[中] / Flavio Ensiki：P.254[ルクセンブルク]

協力

イタリア政府観光局，　英国政府観光庁，　オーストリア政府観光局，
オランダ政府観光局，　クロアチア政府観光局，　チェコセンター，
ドイツ政府観光局，　スペイン政府観光局，　マルタ観光局，
ベルギー・フランダース政府観光局

本書の情報と使い方

掲載しているアクセス、所要時間、現地発のツアー、日本発ツアーの一例、日程はあくまで目安です。いずれも現地の状況などによって変更される場合がありますので、旅行の際は事前に最新情報をご確認ください。また、予算は一般的なツアー代金を目安にしています。航空券代（燃油サーチャージを含まない）、宿泊費、食費、現地交通費（現地ツアーなどを含む）、入場料などを合計して算出したおおまかな予算を表示している場合もあります。いずれも季節、繁忙期、ツアー会社、条件などの事情により大きく変動する場合があります。写真は季節や時間帯、撮影場所などによって実際の風景と異なる場合があります。あらかじめご了承ください。

※国、地域の治安や情勢はつねに変わります。また、査証（ビザ）の要不要も国によって変わります。事前に、外務省海外安全ホームページ（www.anzen.mofa.go.jp）の最新情報をご確認ください。

国内旅行会社

経験豊富なスタッフが現地の最新情報や魅力あふれる旅を提案してくれる。世界中を網羅する旅行会社や、特定の国や地域に精通しているところなど、プランに合わせて選びたい。

ユーラシア旅行社
ユーラシアりょこうしゃ

東京都千代田区平河町2-7-4 砂防会館別館4F
03-3265-1691（代表） 10:00～18:30（土・日曜・祝日休）
http://eurasia.co.jp

遺跡、自然、伝統文化、芸術など、テーマを深く掘り下げたツアーを企画。1～3週間かけて1カ国をじっくり巡る旅に定評がある。参加人数は最大25名までに制限、営利目的のみやげ物店には立ち寄らないなど、上質で快適な旅行にこだわる。160カ国以上を取り扱い、旅行の相談や質問には、添乗業務などで現地に精通した社員が応対。1名から申し込める個人旅行の手配も行なう。ジャスダック上場企業。

株式会社 旅コンシェル
かぶしきがいしゃ たびコンシェル

東京都千代田区内神田2-7-7 新内神田ビル2F
03-3525-8380 10:00～19:00（土曜日～15:00、日曜・祝日休）
http://www.big-tour.com

1人からグループまで旅行者が思い描く自由な旅を提案する。ヨーロッパ全域を質の高い細やかなサポートでパッケージツアーにはない快適な旅ができる。

北欧トラベル
株式会社 ツムラーレコーポレーション
ほくおうトラベル かぶしきがいしゃ ツムラーレコーポレーション

東京都港区芝1-7-17 住友不動産芝ビル3号館3F 03-6809-4324
10:00～17:00（日曜・祝日休） http://www.tumlare.co.jp

北欧を中心に40年以上の実績を持つ北欧生まれの旅行会社。北欧、ロシア、バルトのスペシャリストが魅力的な旅をアレンジ。現地に自社オフィスがあり、安心な旅行を提供する。

ミキ・ツーリスト［みゅう］東京
ミキ・ツーリスト みゅう とうきょう

東京都港区西新橋3-23-11 御成門小田急ビル9F
03-5404-8711 10:00～18:00（土・日曜・祝日休）
http://www.myushop.net

ヨーロッパ17カ国の現地オフィスと日本の窓口が旅行者をサポート。初めてヨーロッパを訪れる人からリピーターまで安心・安全に楽しめる個人旅行を手配。

フランスエクスプレス

東京都港区赤坂3-16-11 東海赤坂ビル3F
03-6261-6437 10:00～18:00（土・日曜・祝日休）
http://www.france-ex.com

安心・快適なフランス旅行をオーダーメイドで手配してくれる。各地のイベントへの参加・見学など特別な夢や目的を持って旅をしたい人には心強い旅行会社。

GCトラベル
ジーシートラベル

東京都新宿区西新宿7-1-7 ダイカンプラザA館419号
03-3364-4963 10:00～18:00（日曜・祝日休）
http://www.gctravel.co.jp

個人に合わせた手配旅行の企画を得意とし、とくに東・中欧諸国に詳しい心強い味方。パッケージツアーでは行きにくい場所も懇切丁寧にアドバイスしてくれる。

ファイブ・スター・クラブ

東京都千代田区神田神保町1-13 CONVEX神保町8F
03-3259-1511 10:00～18:00（土曜は～16:30、日曜・祝日休）
http://www.fivestar-club.jp

ヨーロッパの小さな田舎の街や村の旅行を企画する。効率よく安心して周遊できるプランが豊富。旅経験のあるスタッフがほかにはない最良の旅を提案してくれる。

INDEX

あ

アヴィニョン	フランス	52
アウクスブルク	ドイツ	30
アビラ	スペイン	88
アマルフィ	イタリア	70
アムステルダム	オランダ	124
アルバラシン	スペイン	234
アルベロベッロ	イタリア	204
イヴォワール	フランス	218
イビサ島 イビサ・タウン	スペイン	76
ヴァレッタ	マルタ	100
ヴェネツィア	イタリア	112
ヴェローナ	イタリア	194
ヴュルツブルク	ドイツ	16
エクス・アン・プロヴァンス	フランス	46
オビドス	ポルトガル	146
オルタ・サン・ジュリオ	イタリア	214

か

カッスル・クーム	イギリス	64
カルカソンヌ	フランス	84
クエンカ	スペイン	174
コペンハーゲン	デンマーク	130
ゴルド	フランス	54
コルドバ ユダヤ人街	スペイン	138
コルマール	フランス	148
コンク	フランス	236

さ

ザルツブルク	オーストリア	226
サン・ジミニャーノ	イタリア	232
サントリーニ島	ギリシャ	74
サン・ポール・ド・ヴァンス	フランス	40
サンマリノ	サンマリノ	222
シエナ	イタリア	240
ストックホルム ガムラ・スタン	スウェーデン	156
ストラスブール	フランス	116
セテニル	スペイン	208

た

チヴィタ・ディ・バニョレージョ	イタリア	176
チェスキー・クルムロフ	チェコ	190
チッピング・カムデン	イギリス	66
ディンケルスビュール	ドイツ	24
デュルビュイ	ベルギー	238
テルチ	チェコ	160
トゥールーズ	フランス	248
ドゥブロヴニク	クロアチア	96
トレド	スペイン	92
トロペア	イタリア	180

な

ニース	フランス	36
ネルトリンゲン	ドイツ	28

は

バイブリー	イギリス	62
パッサウ	ドイツ	198
ハル・イン・チロル	オーストリア	230
ハルシュタット	オーストリア	212
ヒートホールン	オランダ	128
ピティリアーノ	イタリア	178
フュッセン	ドイツ	32
プラハ	チェコ	152
ブリエンツ	スイス	220
ブルージュ	ベルギー	120
プロチダ島	イタリア	166
ベルゲン	ノルウェー	164
ベルン	スイス	186
ボートン・オン・ザ・ウォーター	イギリス	58
ポズナン	ポーランド	162
ボニファシオ	フランス	182
ポルトヴェーネレ	イタリア	168
ボローニャ	イタリア	244

ま

マテーラ	イタリア	202
ミコノス島 ミコノス・タウン	ギリシャ	134
ミハス	スペイン	142
モナコ モナコ・ヴィル	フランス	42
モンセラット	ポルトガル	206

や

ヨーク	イギリス	104

ら

ライ	イギリス	250
リスボン アルファマ	ポルトガル	80
リューベック	ドイツ	132
リンダウ	ドイツ	216
ルクセンブルク	ルクセンブルク	108
レゼジー	フランス	210
ローテンブルク	ドイツ	20
ロカマドゥール	フランス	184
ロンダ	スペイン	170

地球新発見の旅
ヨーロッパの
いちばん美しい街
Beautiful Towns in Europe

2015年2月24日　　初版第1刷発行
2019年10月25日　　初版第3刷発行

編　者　K&Bパブリッシャーズ編集部
発行者　河村季里
発行所　K&Bパブリッシャーズ
　　　　〒101-0054　東京都千代田区神田錦町2-7 戸田ビル3F
　　　　電話03-3294-2771　FAX 03-3294-2772
　　　　E-Mail info@kb-p.co.jp
　　　　URL http://www.kb-p.co.jp

印刷・製本　加藤文明社

落丁・乱丁本は送料負担でお取り替えいたします。
本書の無断複写・複製・転載を禁じます。
ISBN978-4-902800-48-7 C0026
©2015 K&B PUBLISHERS

本書の掲載情報による損失、および個人的トラブルに
関しては、弊社では一切の責任を負いかねますので、
あらかじめご了承ください。